全国中等职业技术学校汽车类专业教材

汽车钣金基础习题册

中国劳动社会保障出版社

图书在版编目(CIP)数据

汽车钣金基础习题册/人力资源和社会保障部教材办公室组织编写. —北京：中国劳动社会保障出版社，2014
全国中等职业技术学校汽车类专业教材
ISBN 978-7-5167-1327-3

Ⅰ.①汽… Ⅱ.①人… Ⅲ.①汽车-钣金工-中等专业学校-习题集 Ⅳ.①U472.4-44

中国版本图书馆 CIP 数据核字(2014)第 180851 号

中国劳动社会保障出版社出版发行

（北京市惠新东街 1 号 邮政编码：100029）

*

中国标准出版社秦皇岛印刷厂印刷装订 新华书店经销

787 毫米×1092 毫米 16 开本 7.75 印张 157 千字

2014 年 8 月第 1 版 2021 年 7 月第 8 次印刷

定价：14.00 元

读者服务部电话：(010) 64929211/84209101/64921644

营销中心电话：(010) 64962347

出版社网址：http://www.class.com.cn

http://jg.class.com.cn

目　录

单元一　绘制样板的平面图形

课题一　认知国家标准的基本规定

1—1—1　字体练习（一）

机械制图标准序号名称件数质量材料备注比例期

制图基本知识看懂零件的三视图根据视图想出零件的形状并标注尺寸

1234567890ΦR　　ABCDEFGHIJKLM

1—1—2 字体练习（二）

技 术 圆 柱 锥 齿 轮 蜗 杆 叶 螺 栓 钉 母 弹 簧 垫 圈 开 口 销

结 构 分 析 箱 体 盖 板 轴 承 瓦 挡 圈 套 筒 尾 架 体 定 位 套 密 封 盖 单 向 阀 活 塞 球

a b c d e f g h i j k l m n o p q r s t u v w x y z

班级 姓名 学号

1—1—3 图线练习（一）

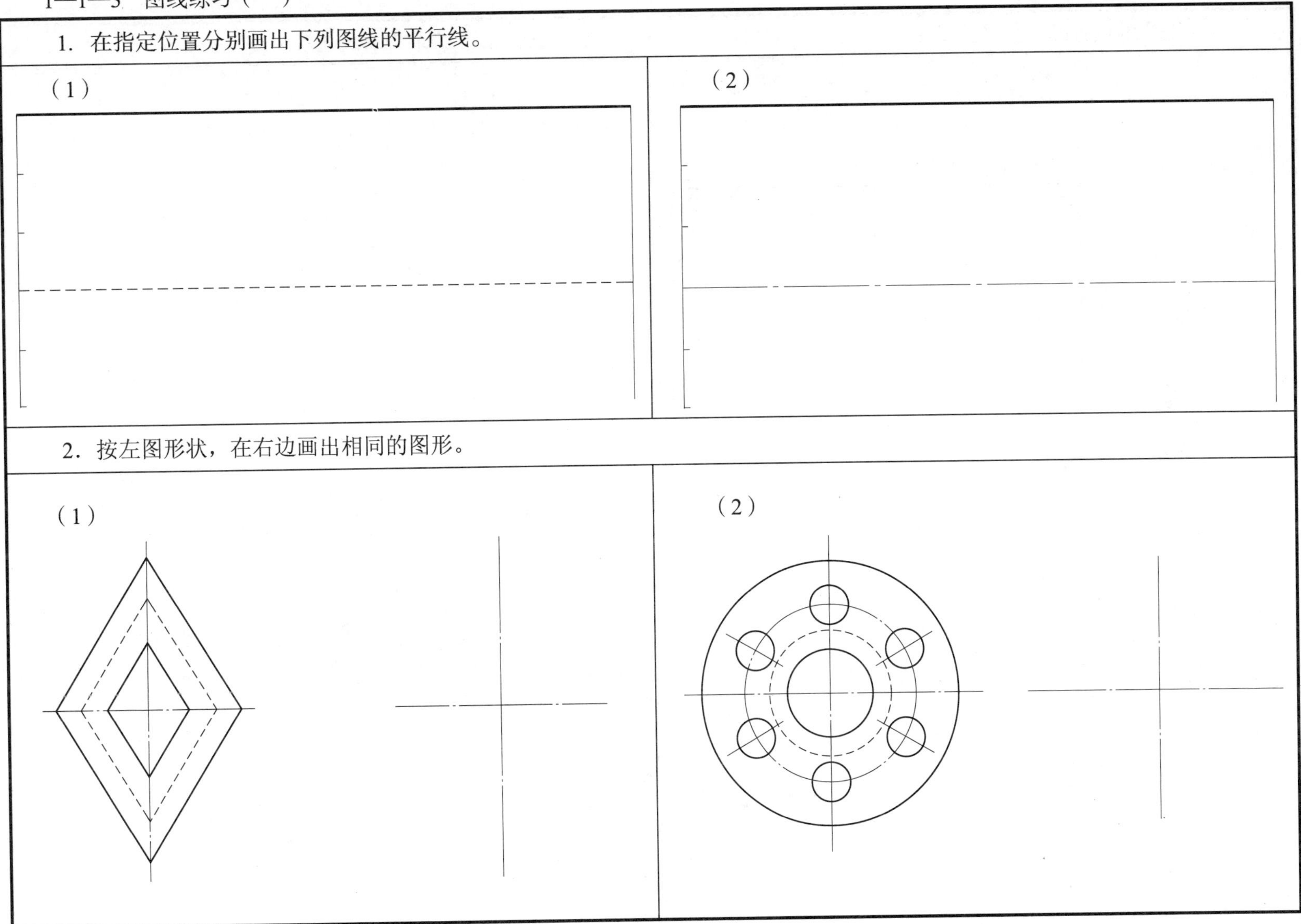

1—1—4 图线练习（二）

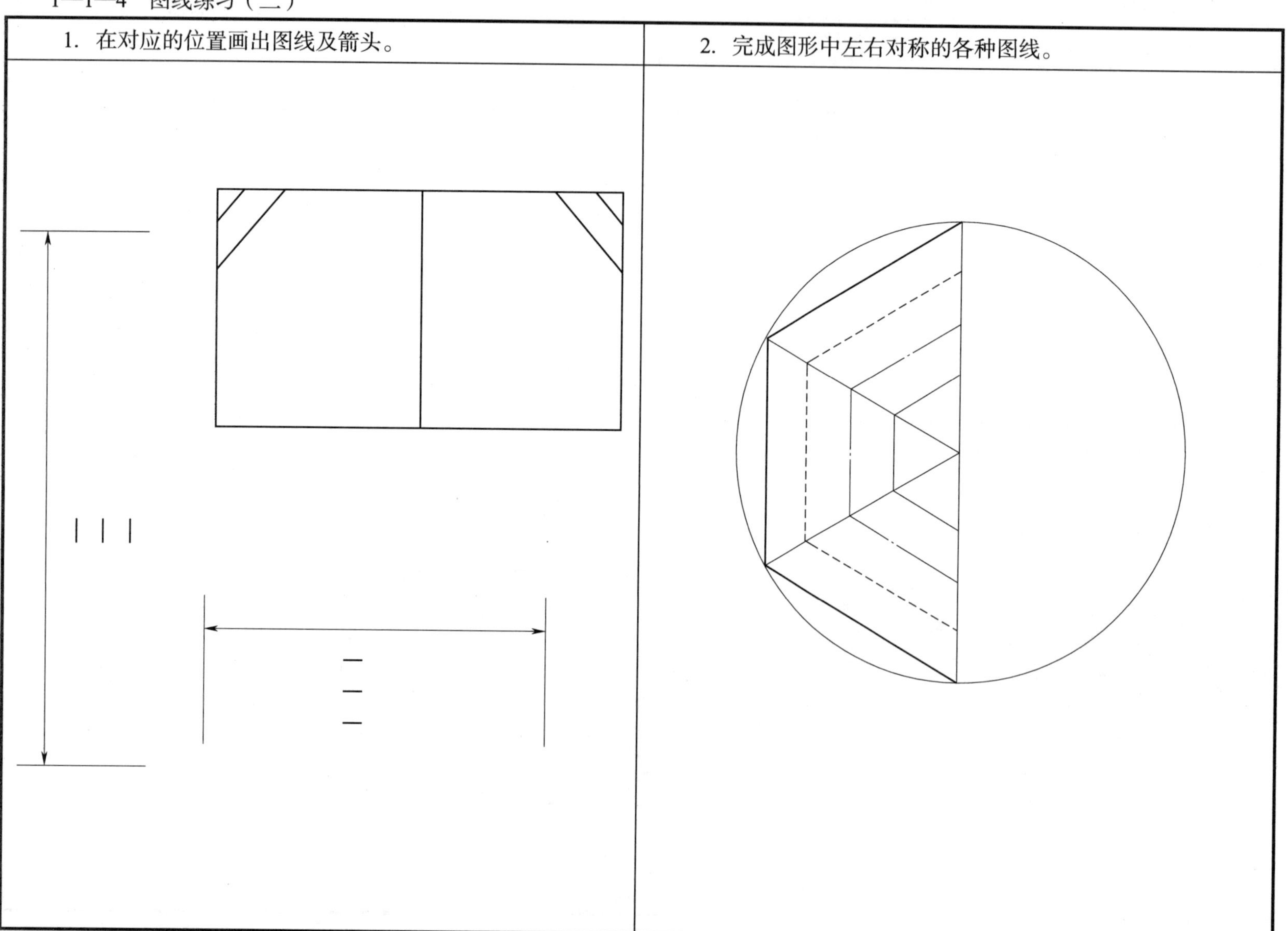

1—1—5 尺寸标注（一）

1. 对比下列左右两图的尺寸标注，明确标注尺寸时常犯的一些错误。

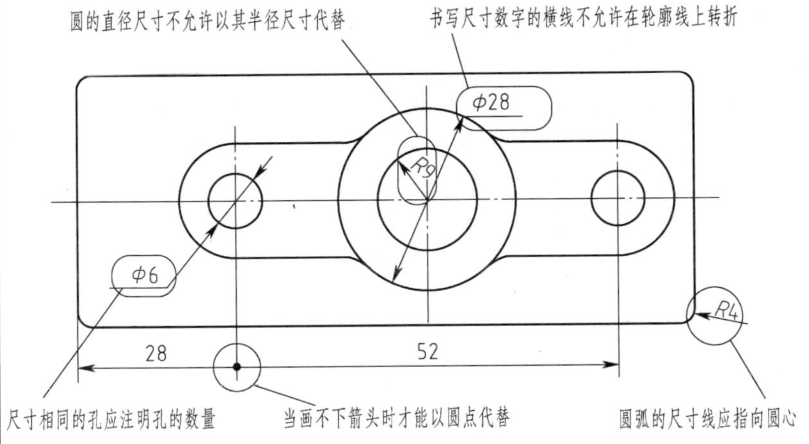

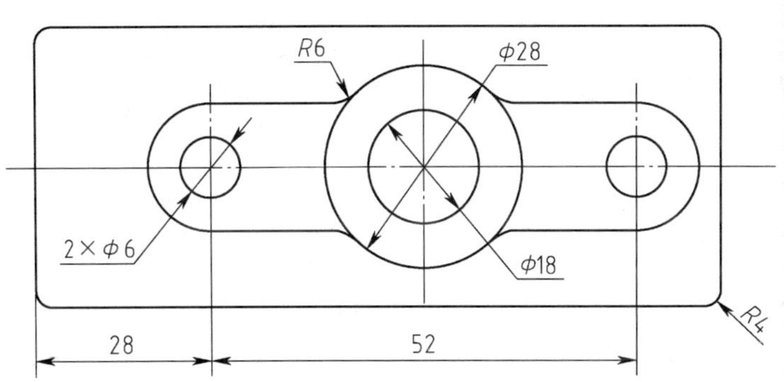

2. 标注图中各尺寸（尺寸数值从图中按 1∶1 量取，取整数）。

（1）线性尺寸

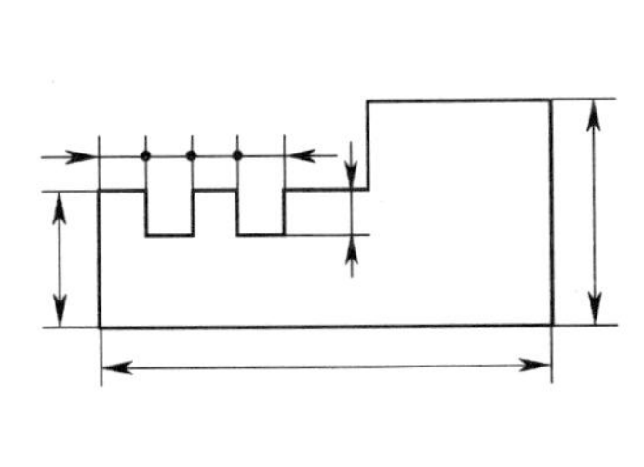

（2）角度尺寸

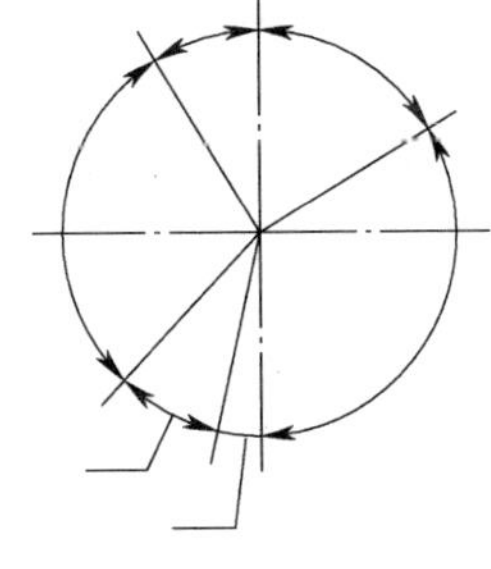

（3）圆的直径

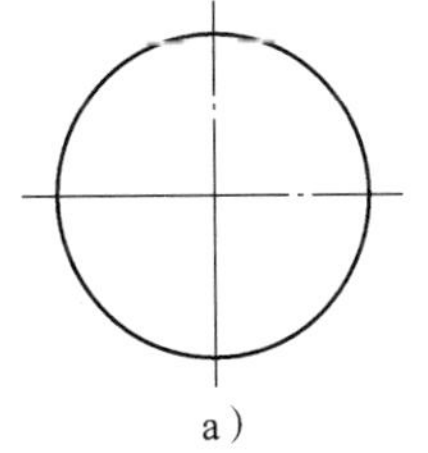

a）

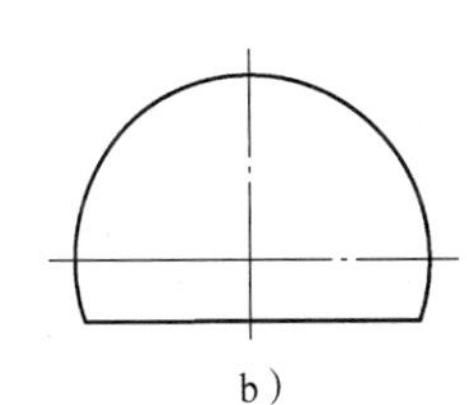

b）

（4）圆弧半径

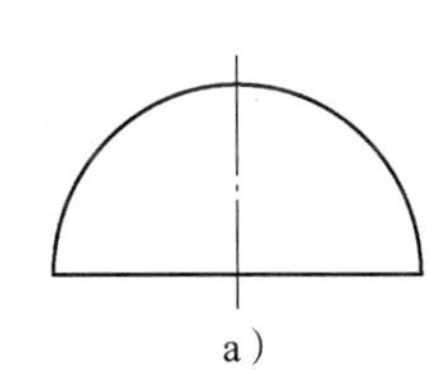

a）

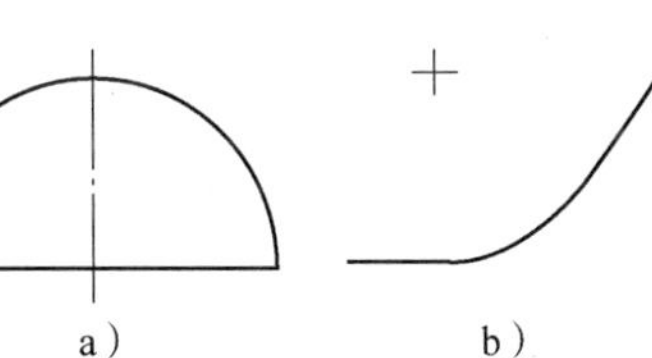

b）

指出左图中尺寸标注的错误之处，并在右图中标注正确的尺寸。

1.

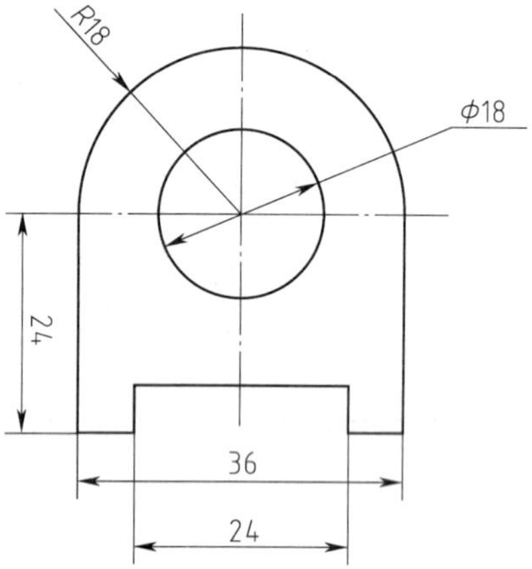

R18
φ18
24
36
24

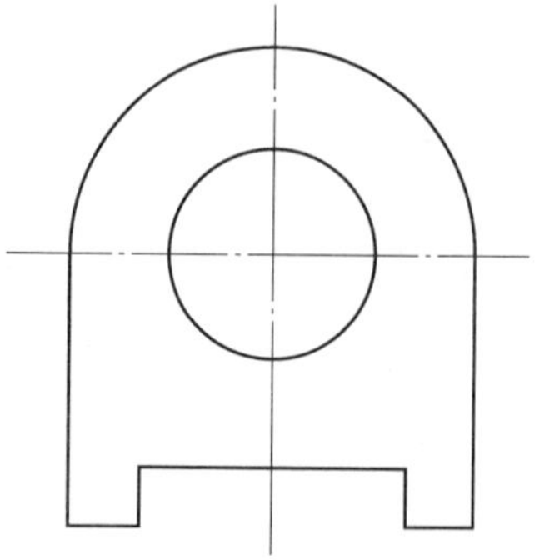

2.

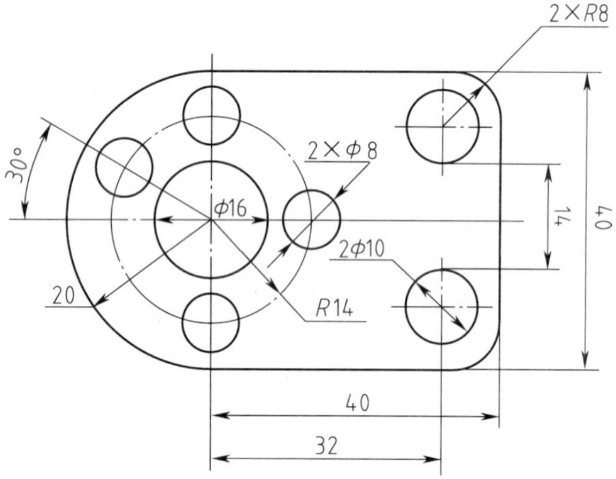

2×R8
30°
2×φ8
φ16
14
40
2φ10
20
R14
40
32

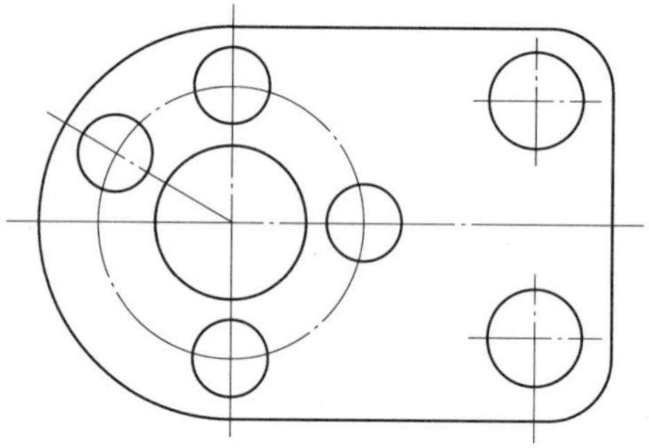

 班级 姓名 学号

课题二　绘制简单的平面图形

1—2—1　基本作图练习（一）

1. 将线段 *AB* 五等分。	2. 按右上角的图例完成下图。
A　B	(1)　(2)
(3)　(4)	(5)　(6)

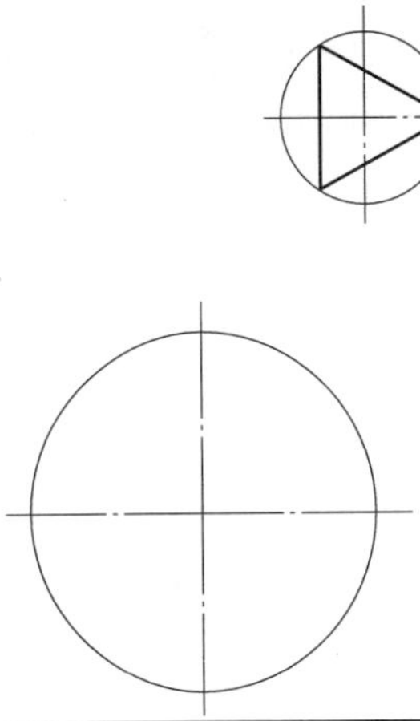

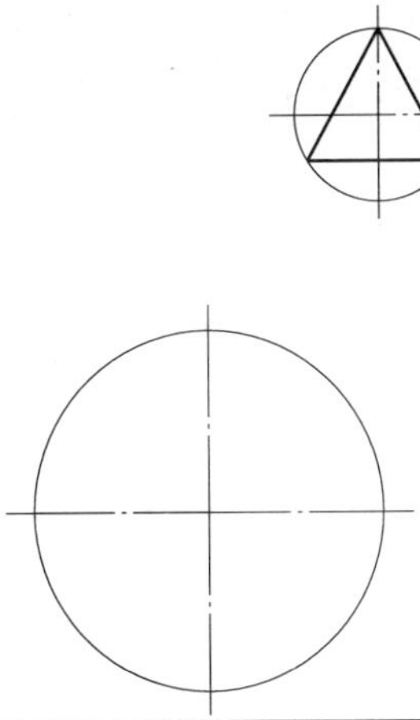

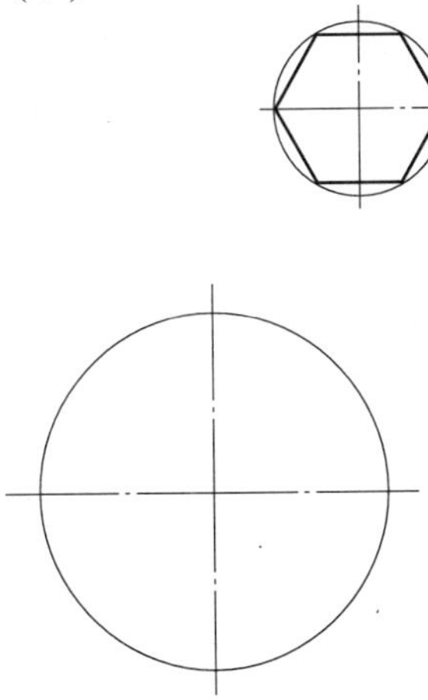

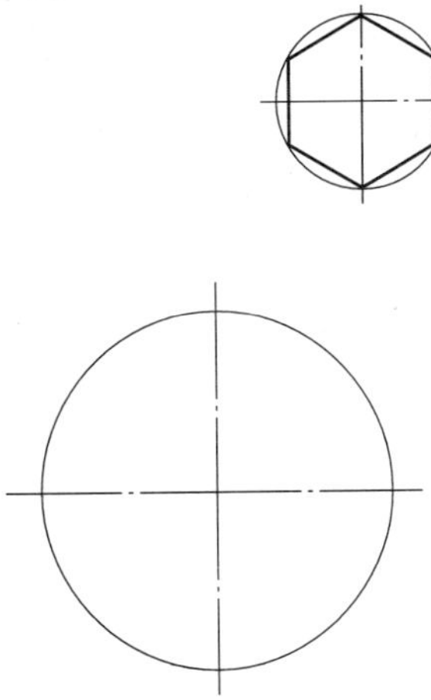

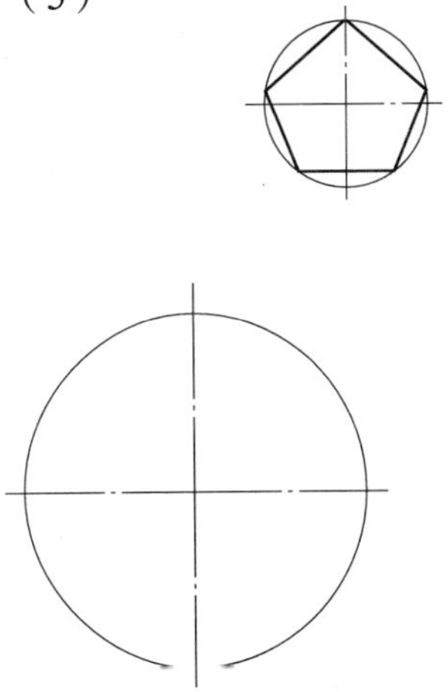

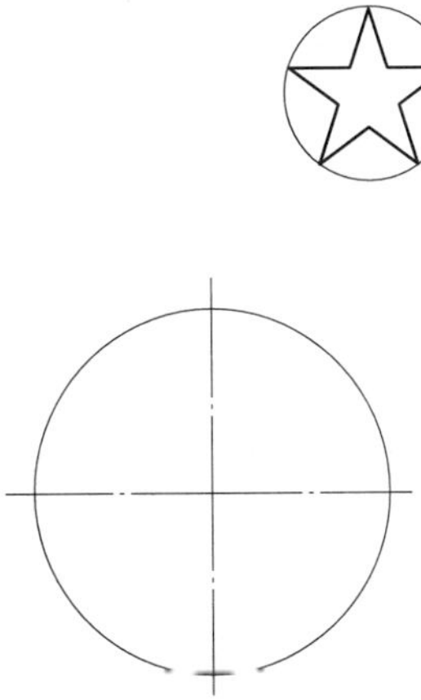

1—2—2 基本作图练习（二）（按 1:1 的比例抄画下列图形，并标注尺寸和符号）

（1）斜度

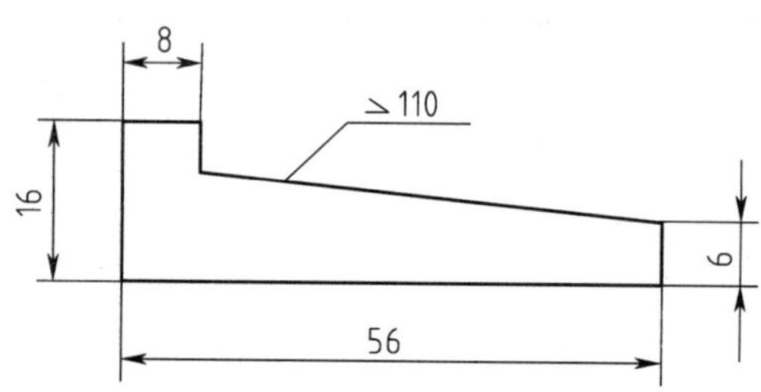

（2）锥度

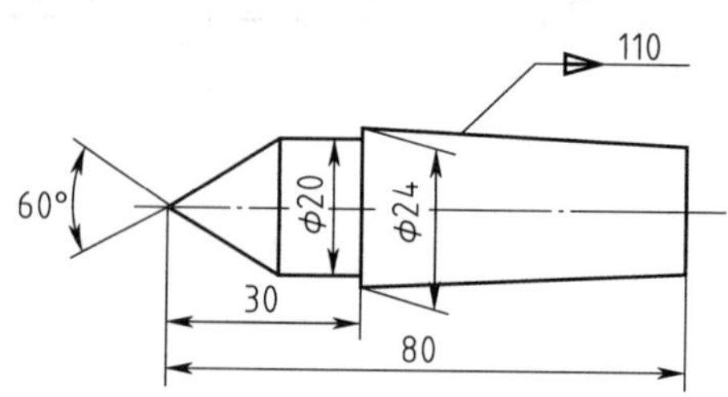

 班级 姓名 学号

1—2—3 基本作图练习（三）

1．按给定的长、短轴画出椭圆。	2．参照图例，用给定的尺寸作圆弧连接。	
D A O B C	（1） K_1 O R K_2 R	（2） R O R K_1 R K_2 R

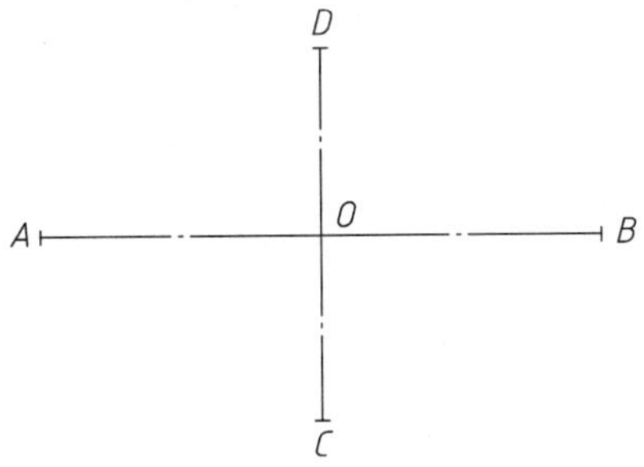

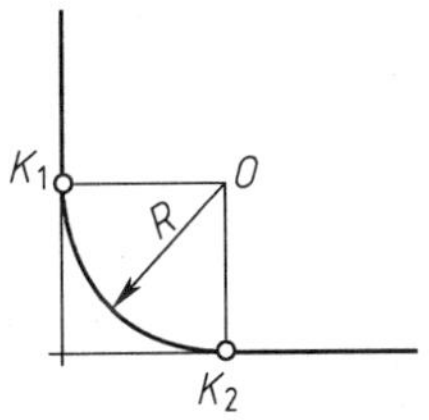

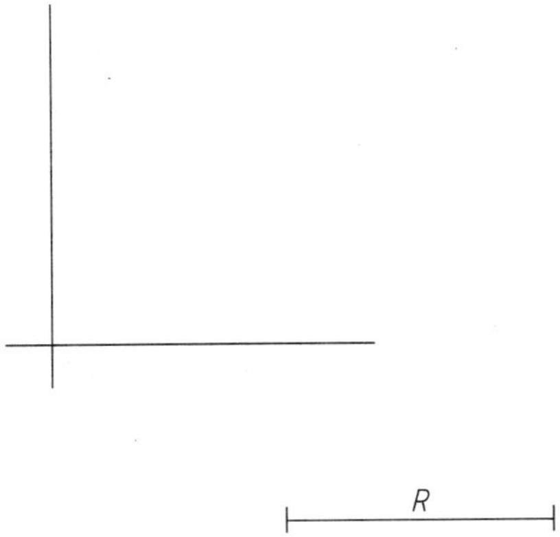

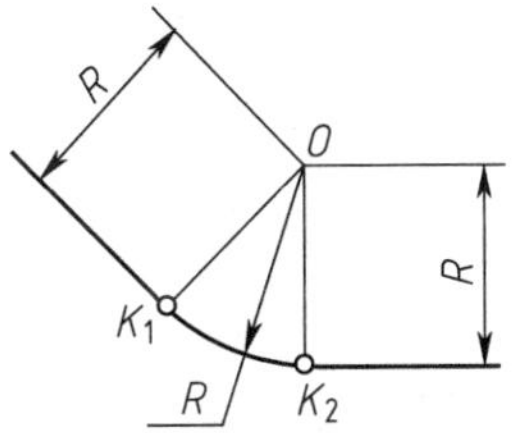

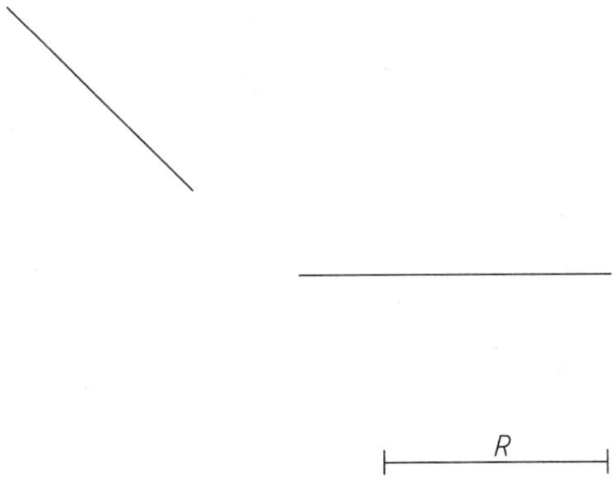

1—2—4　基本作图练习（四）

按给定的图形完成圆弧与圆弧、线段与圆弧的连接，并标出连接弧的圆心和切点。

（1）

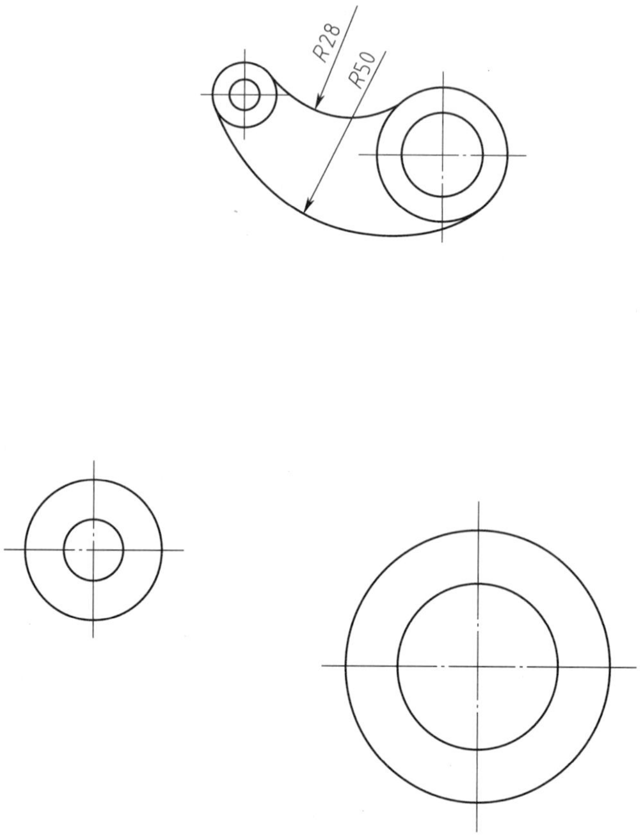

R28

R50

（2）

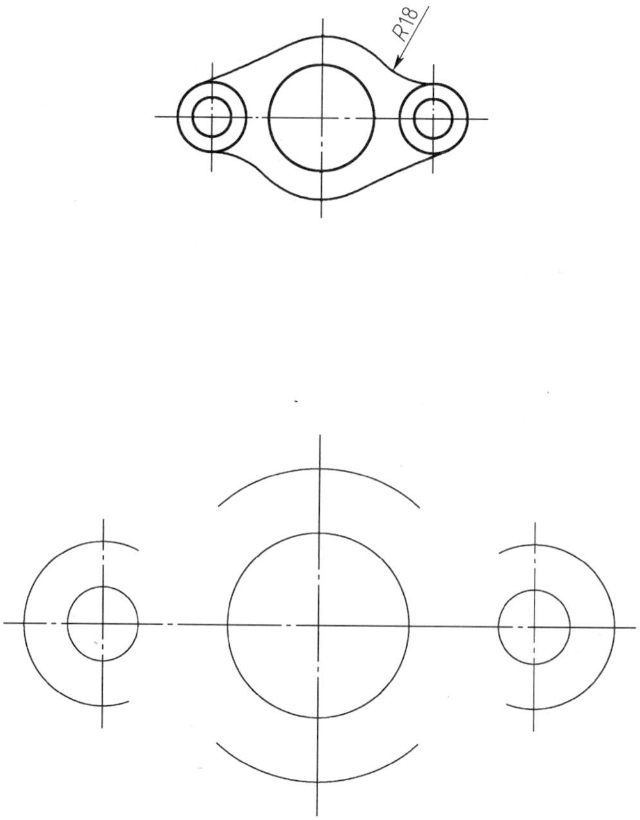

R18

课题三　绘制样板的平面图形

1—3—1　尺寸标注

参照上方图形，用给定的比例在下方位置画出图形，并标注尺寸。（左图比例 1∶2，右图比例 1∶1）

1.

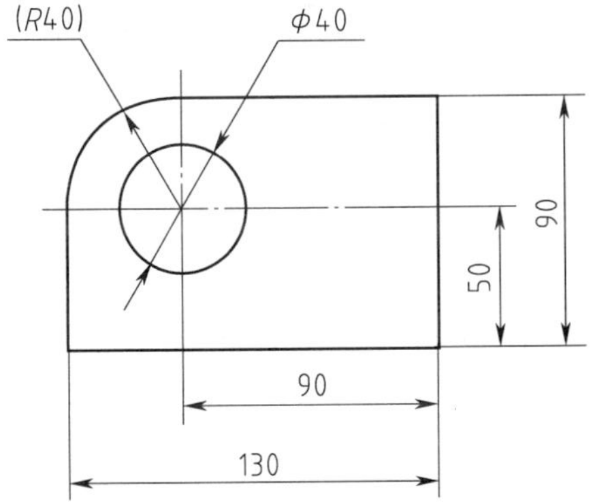

(R40)
ϕ40
90
50
90
130

2.

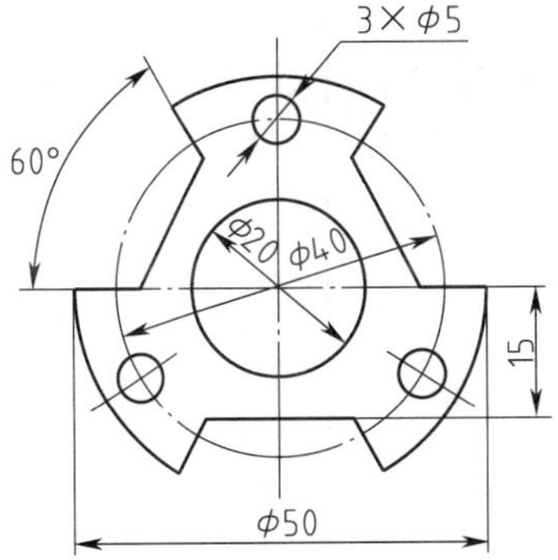

3×ϕ5
60°
ϕ20
ϕ40
15
ϕ50

分析下列图形并填空，再按 1∶2 的比例将图形抄画在右边的空白处，并标注尺寸。

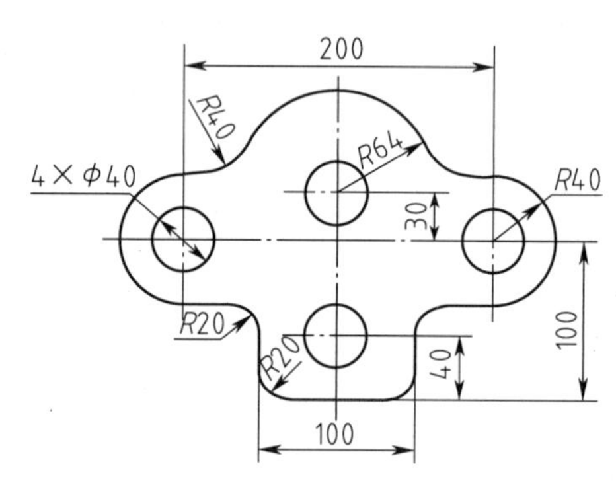

1. 在图中指出长度方向和高度方向的尺寸基准。

2. 尺寸 30 是（定形、定位）______ 尺寸，*R*20 是 ______ 尺寸，4 × ϕ40 表示有 ______ 个直径为 ______ mm 的孔。

3. *R*64 圆弧圆心的定位尺寸是 ______，属于 ______ 线段；*R*20______ 定位尺寸，属于 ______ 线段。

4. 该图形的总长是 ______ mm，总高是 ______ mm。

1—3—3 平面图形的分析与作图（二）

分析下列图形并填空，再按 1 : 1 的比例将图形抄画在右边的空白处，并标注尺寸。

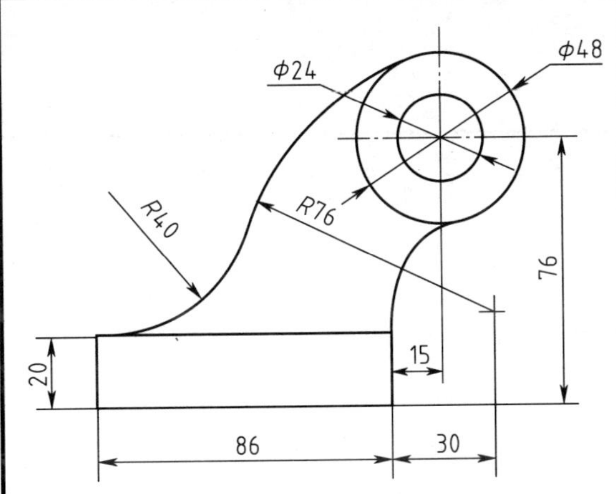

1. 在图中指出长度方向和高度方向的尺寸基准。

2. 尺寸 30 是(定形、定位)______ 尺寸，*R*76 是 ______ 尺寸，20 是 ______ 尺寸。

3. ϕ48 有 ______ 个方向的定位尺寸，分别是 ______ 和 ______，所以 ϕ48 是 ______ 线段；*R*76 有 ______ 个定位尺寸，缺少 ______ 方向的定位尺寸，所以 *R*76 是 ______ 线段；*R*40 有 ______ 个定位尺寸，所以是 ______ 线段。

班级　　　　姓名　　　　学号

单元二　识读立体的三视图

课题一　认知投影法及三视图

2—1—1　对照轴测图，在（　　）内填写出立体的“六向”方位。

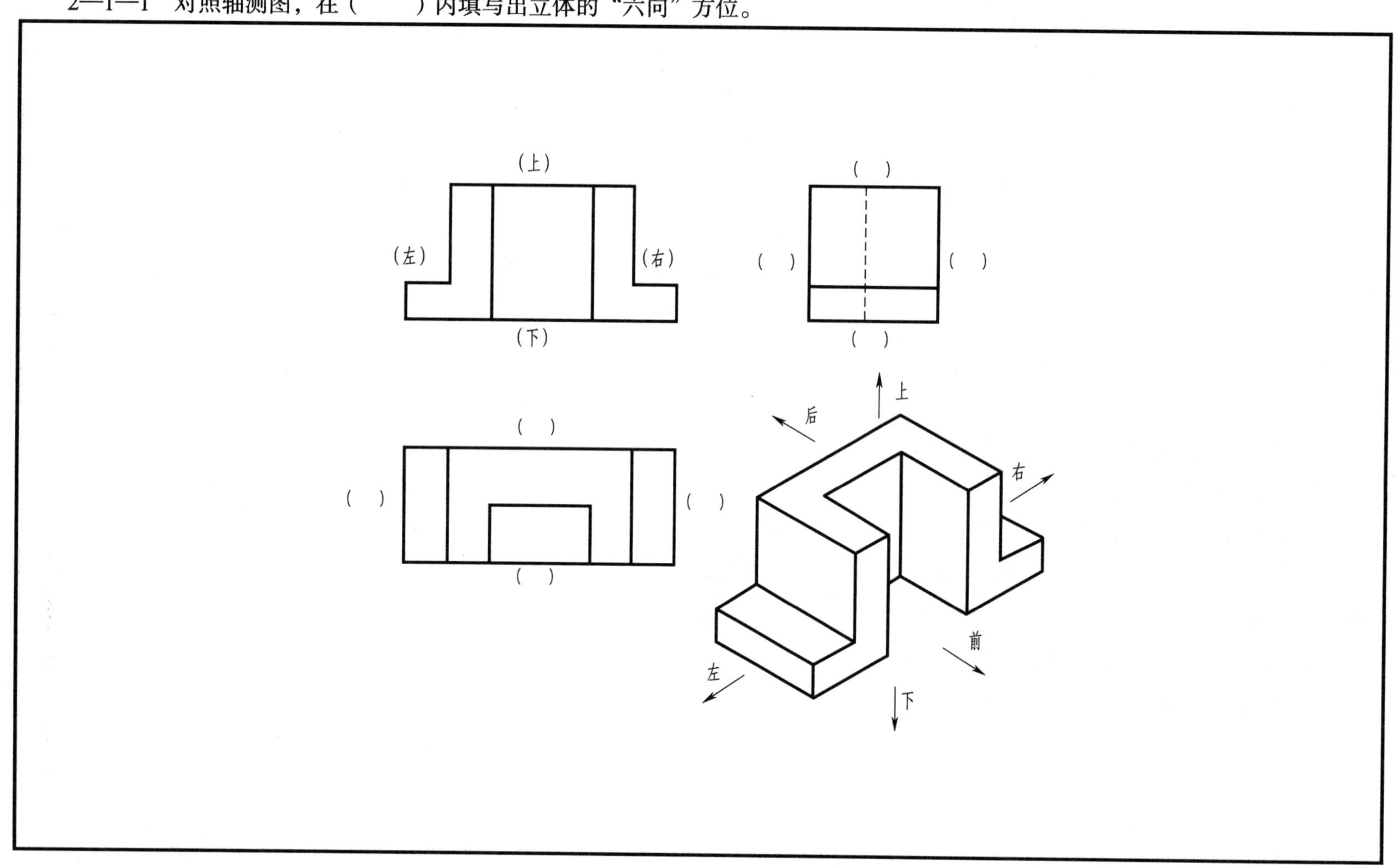

　　班级　　姓名　　学号

2—1—2　对照轴测图，在尺寸线的（　　）内填写长、宽、高的尺寸。

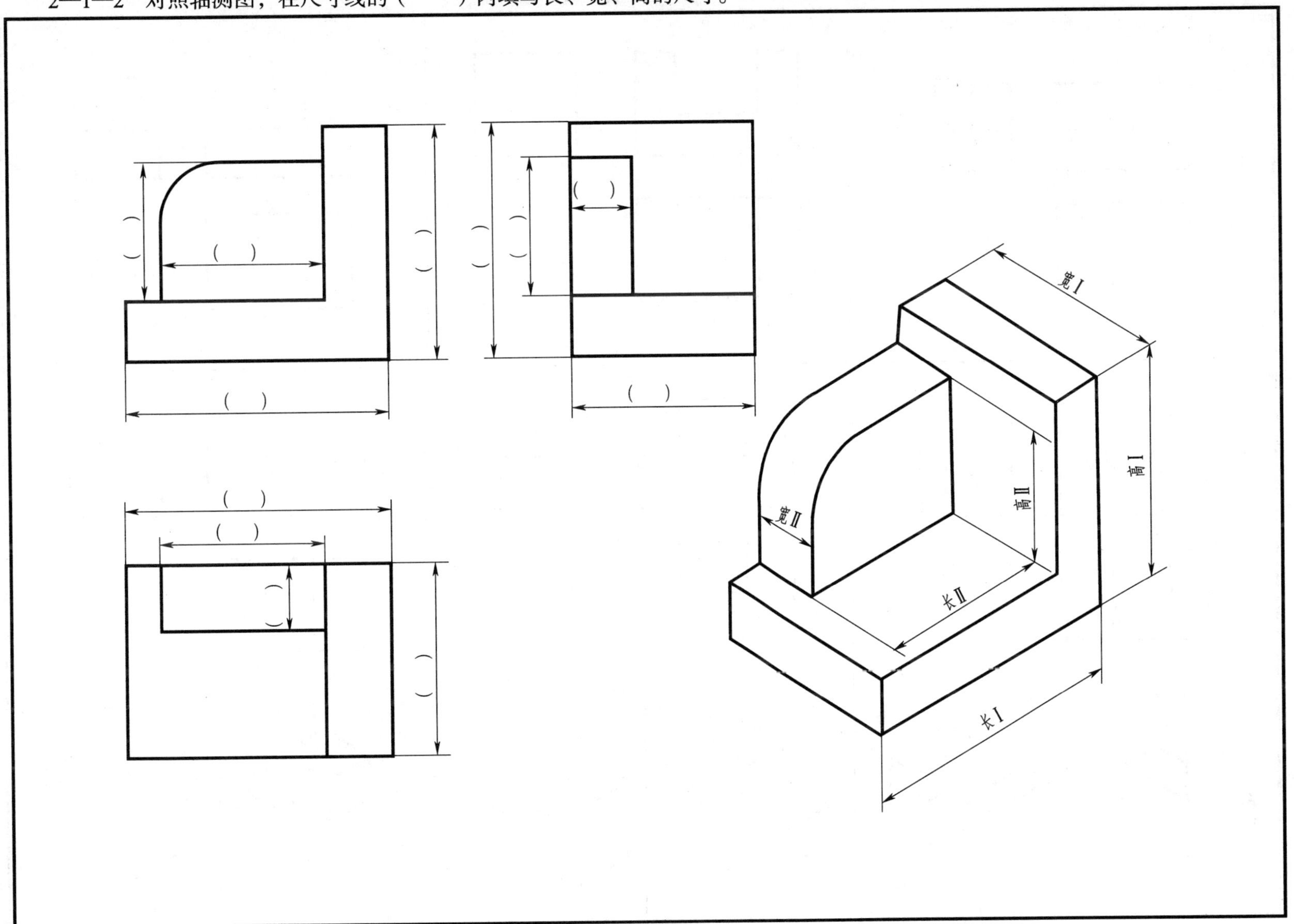

2—1—3　根据物体的轴测图找出对应的三视图，在（　　）内填写出相应的序号。

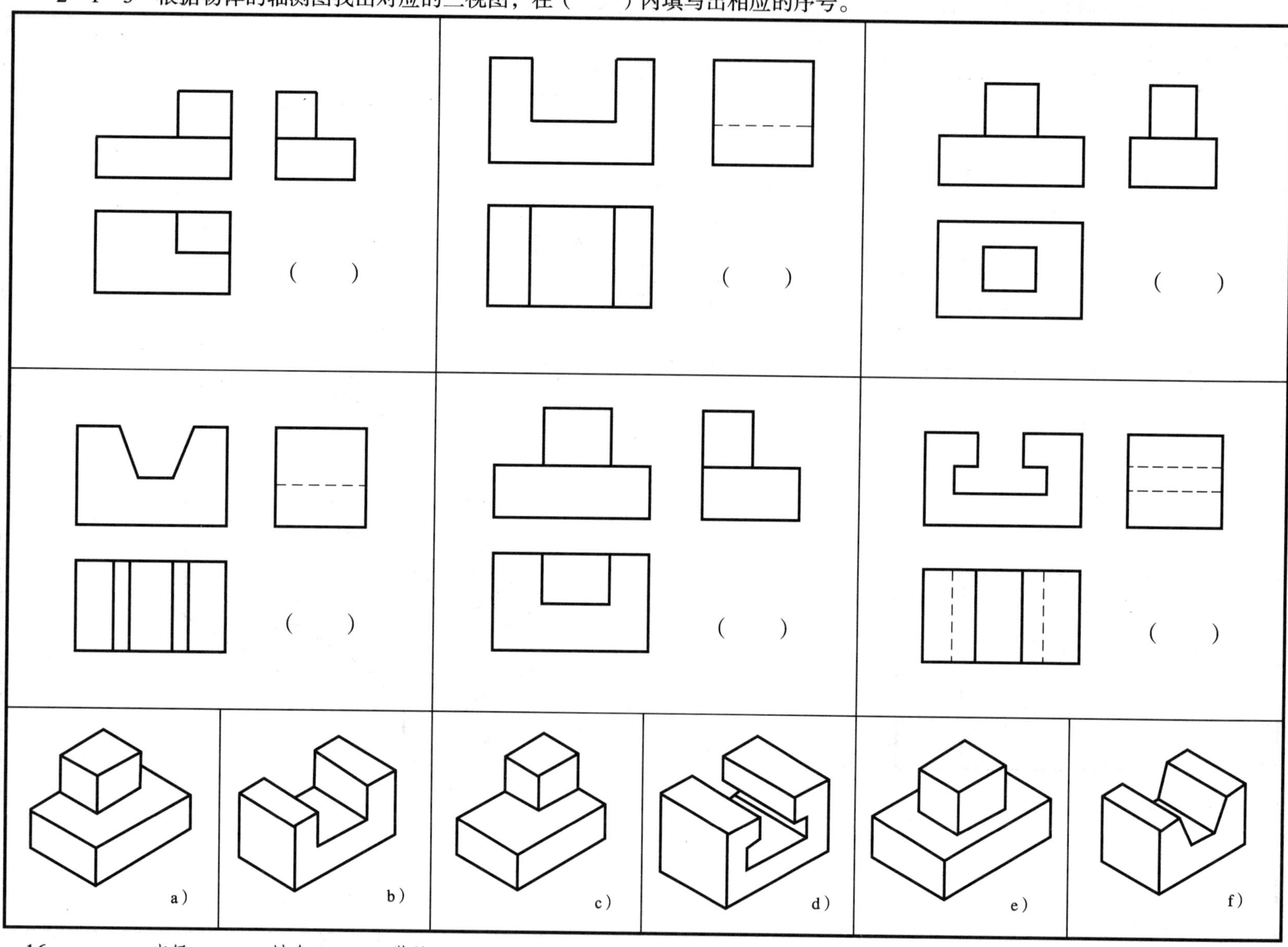

　　班级　　姓名　　学号

2—1—4　根据物体的轴测图找出对应的三视图，在（　　）内填写出相应的序号，并在轴测图上找出主视图的投射方向，在箭头上填写“主视”二字。

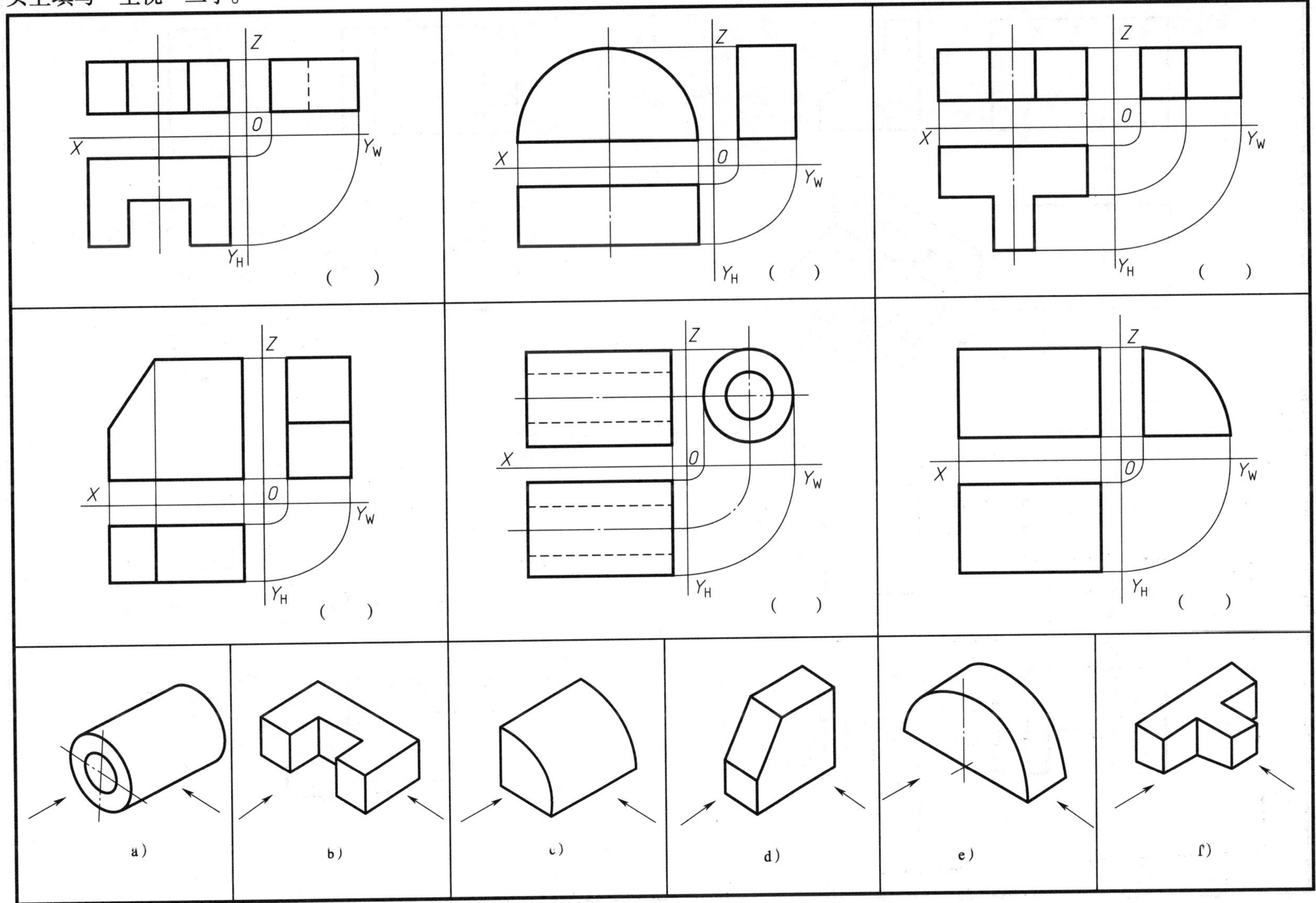

2—1—5　根据物体的三视图及轴测图，在箭头上填写“主视”“俯视”或“左视”二字，并补画视图中漏画的图线。

1.

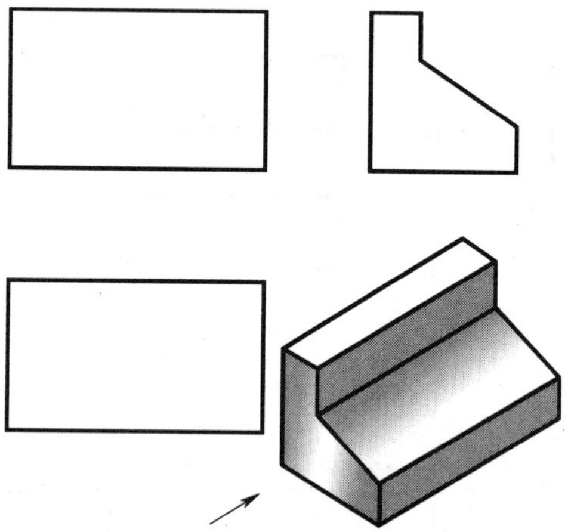

2.

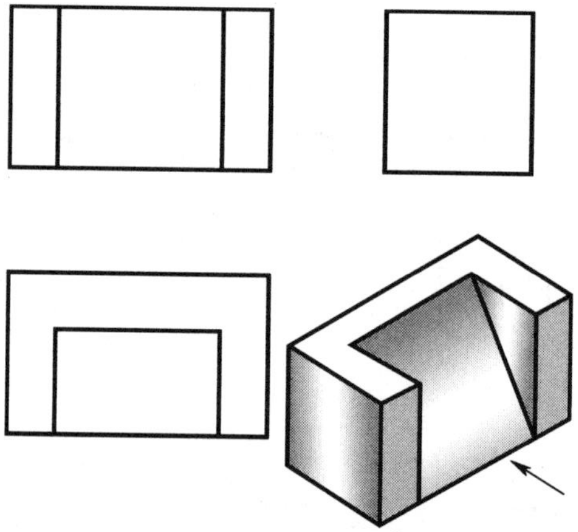

3.

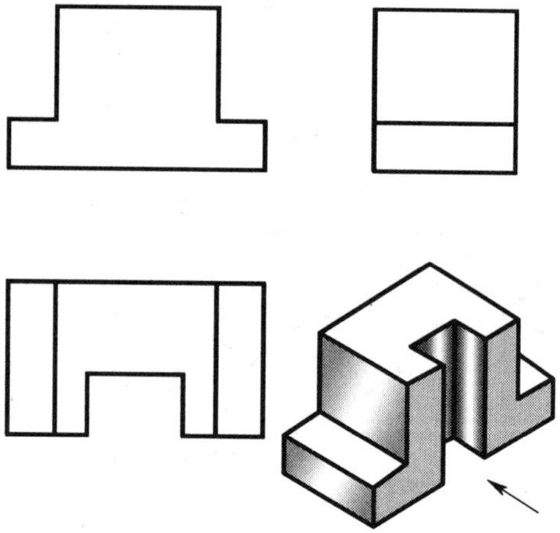

4.

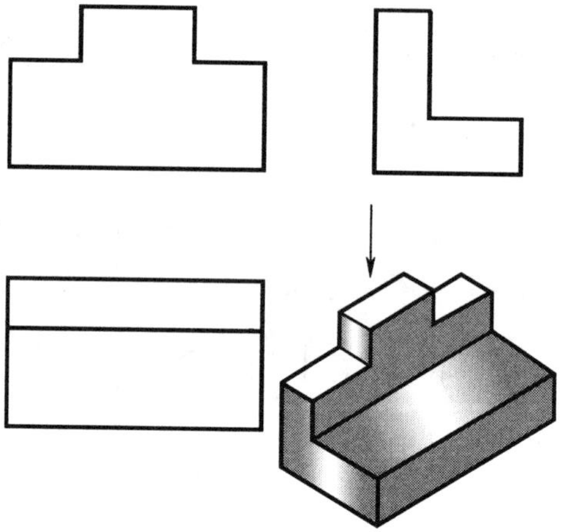

班级　　　姓名　　　学号

课题二　识读基本体的三视图

2—2—1　根据已知的主、左视图，并参照轴测图，选择正确的俯视图，将正确答案填在题号后的（　　）内。

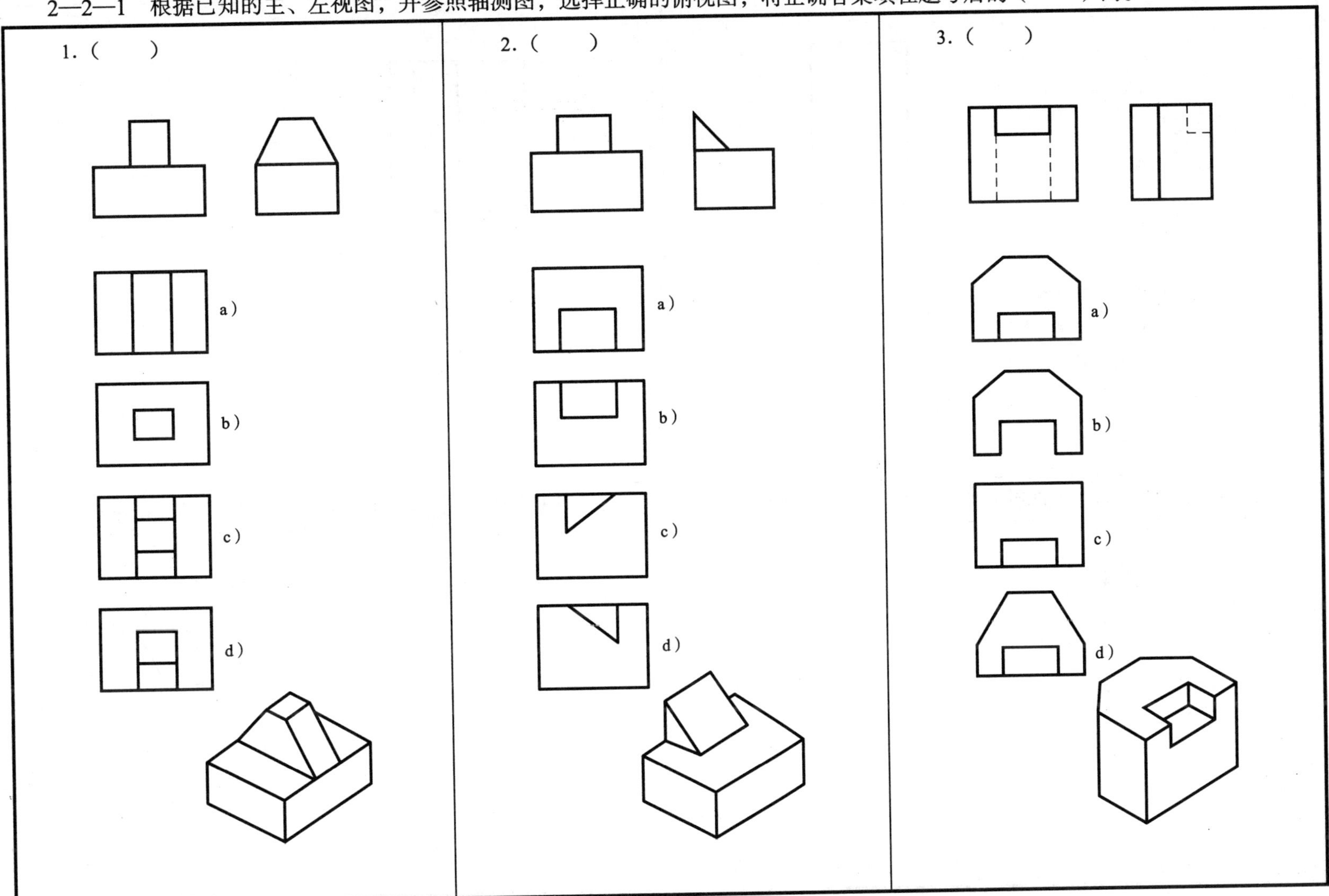

2—2—2　根据给定条件，完成棱柱体的三视图。

1. 根据三棱柱的俯、左视图补画主视图。	2. 根据五棱柱的主、俯视图补画左视图。
3. 根据三棱柱的主视图补画俯、左视图（宽 15 mm）。	4. 根据六棱柱的左视图补画主、俯视图（长 30 mm）。

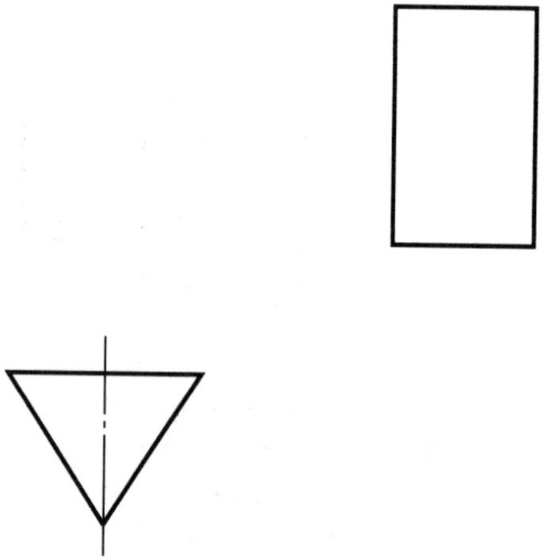

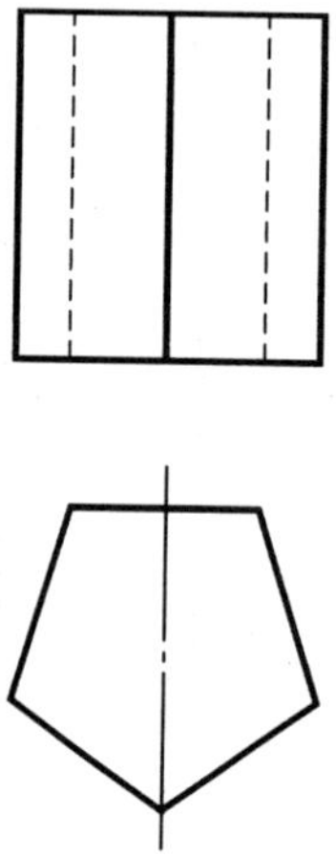

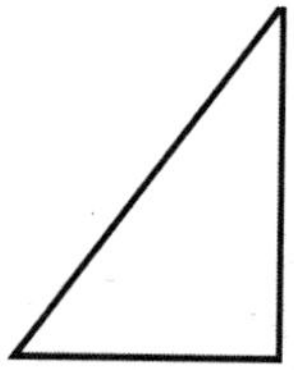

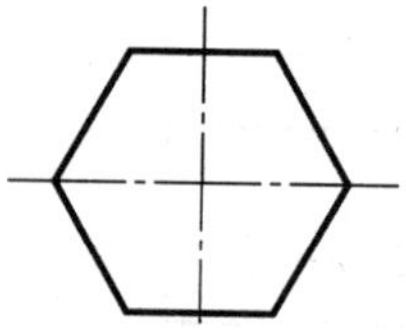

　　班级　　姓名　　学号

2—2—3　根据给定条件，完成棱锥体的三视图。

1. 根据正四棱锥的主视图补画俯、左视图。	2. 根据三棱锥的主、俯视图补画左视图。
3. 根据六棱锥的主、俯视图补画左视图。	4. 根据正四棱台的轴测图画出三视图。

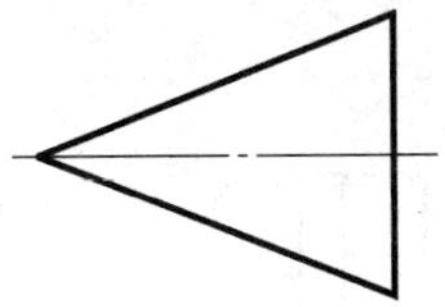

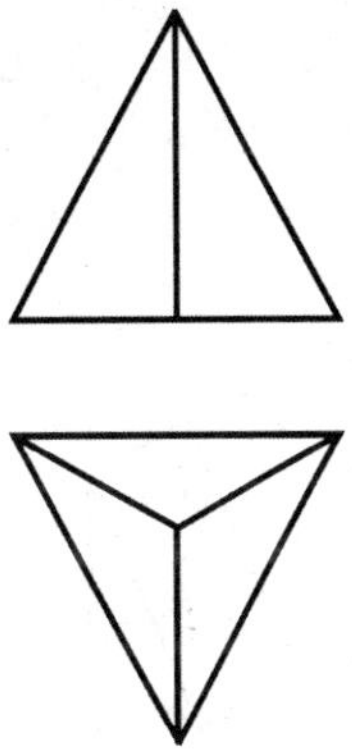

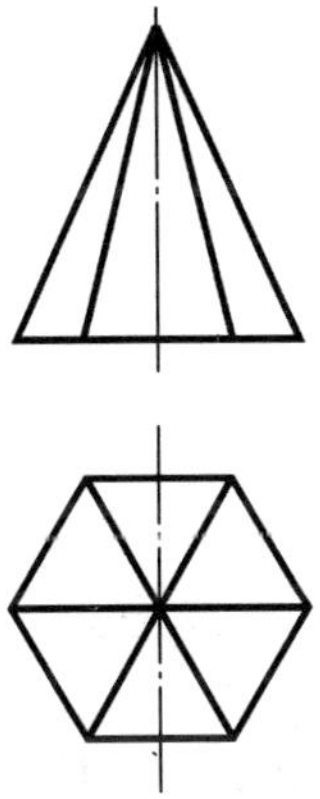

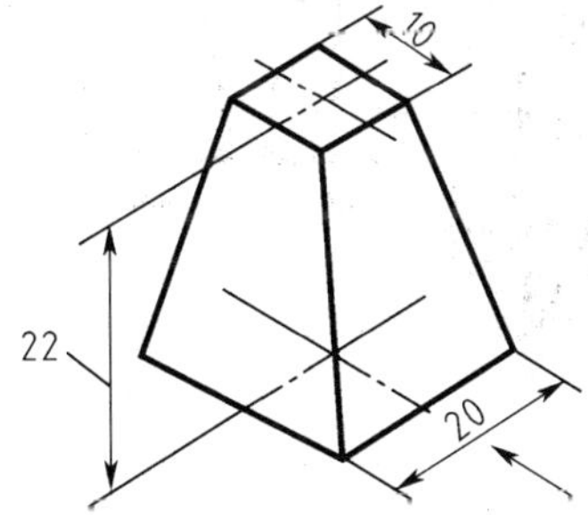

2—2—4　根据已知的主、俯视图，选择正确的左视图，将正确答案填在题号后的（　　）内。

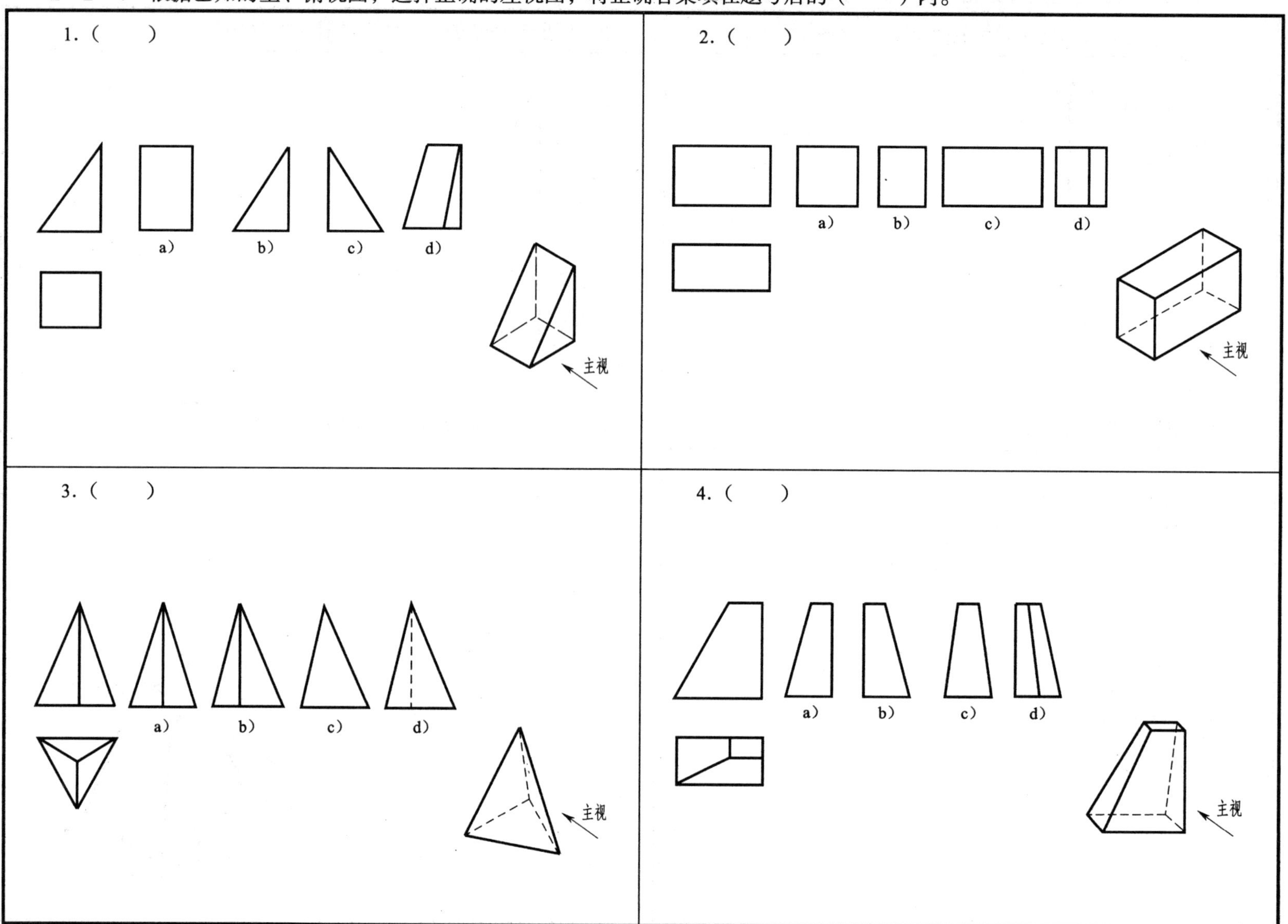

　　班级　　　姓名　　　学号

2—2—5　根据给定条件，完成圆柱体、圆锥（台）体的三视图。

1. 根据圆柱体的主视图补画俯、左视图（宽 20 mm）。	2. 根据圆柱体的俯视图补画主、左视图（高 30 mm）。
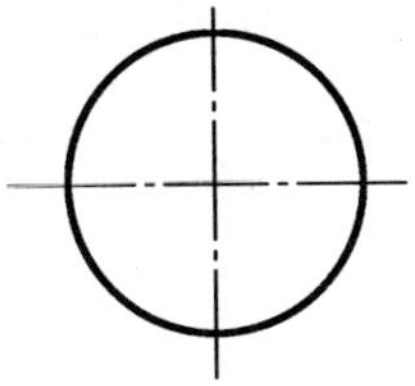	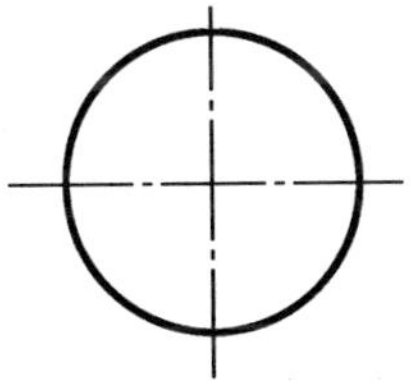
3. 根据圆锥体的主视图补画俯、左视图（宽 20 mm）。	4. 根据圆锥体的俯视图补画主、左视图（高 30 mm）。
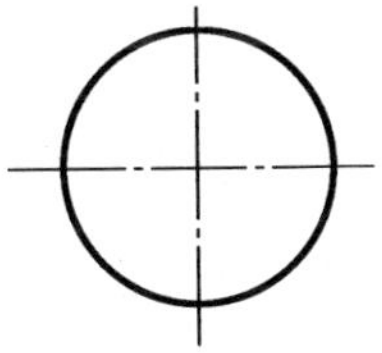	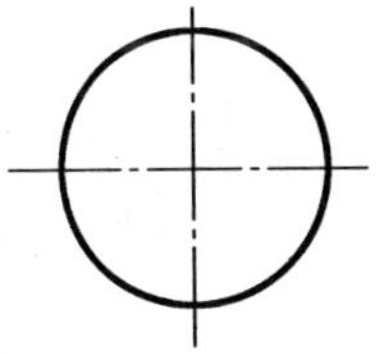

2—2—6 根据给定条件，完成圆球体的三视图。

1. 根据主、左视图补画俯视图。

2. 根据主、俯视图补画左视图。

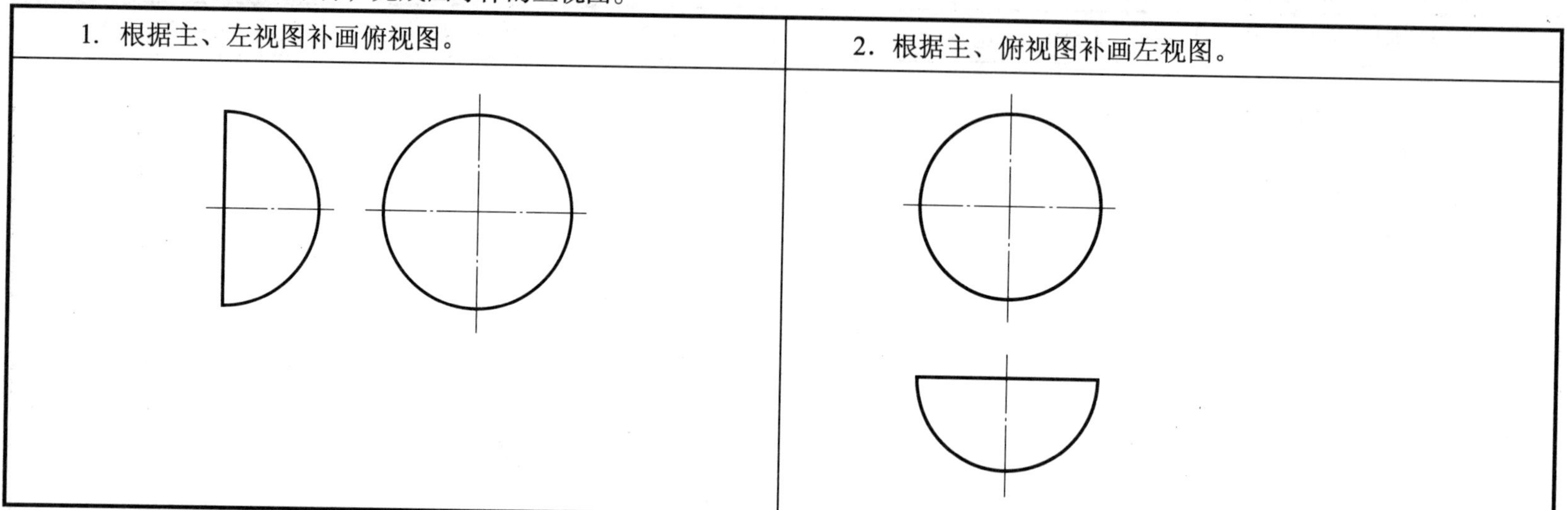

2—2—7 根据已知的主、俯视图，选择正确的左视图，将正确答案填在题号后的（　　）内。

1.（　　）

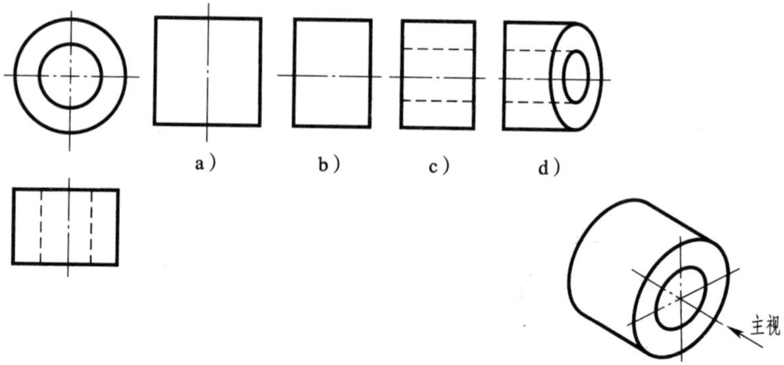

a）
b）
c）
d）
主视

2.（　　）

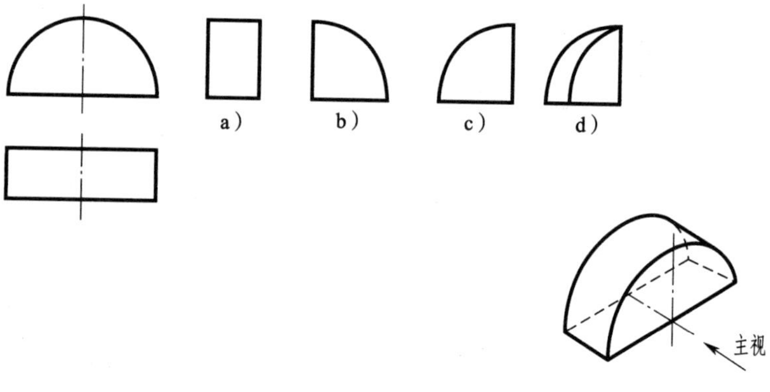

a）
b）
c）
d）
主视

课题三　识读切割体的三视图

2—3—1　完成切割棱柱体的三视图。

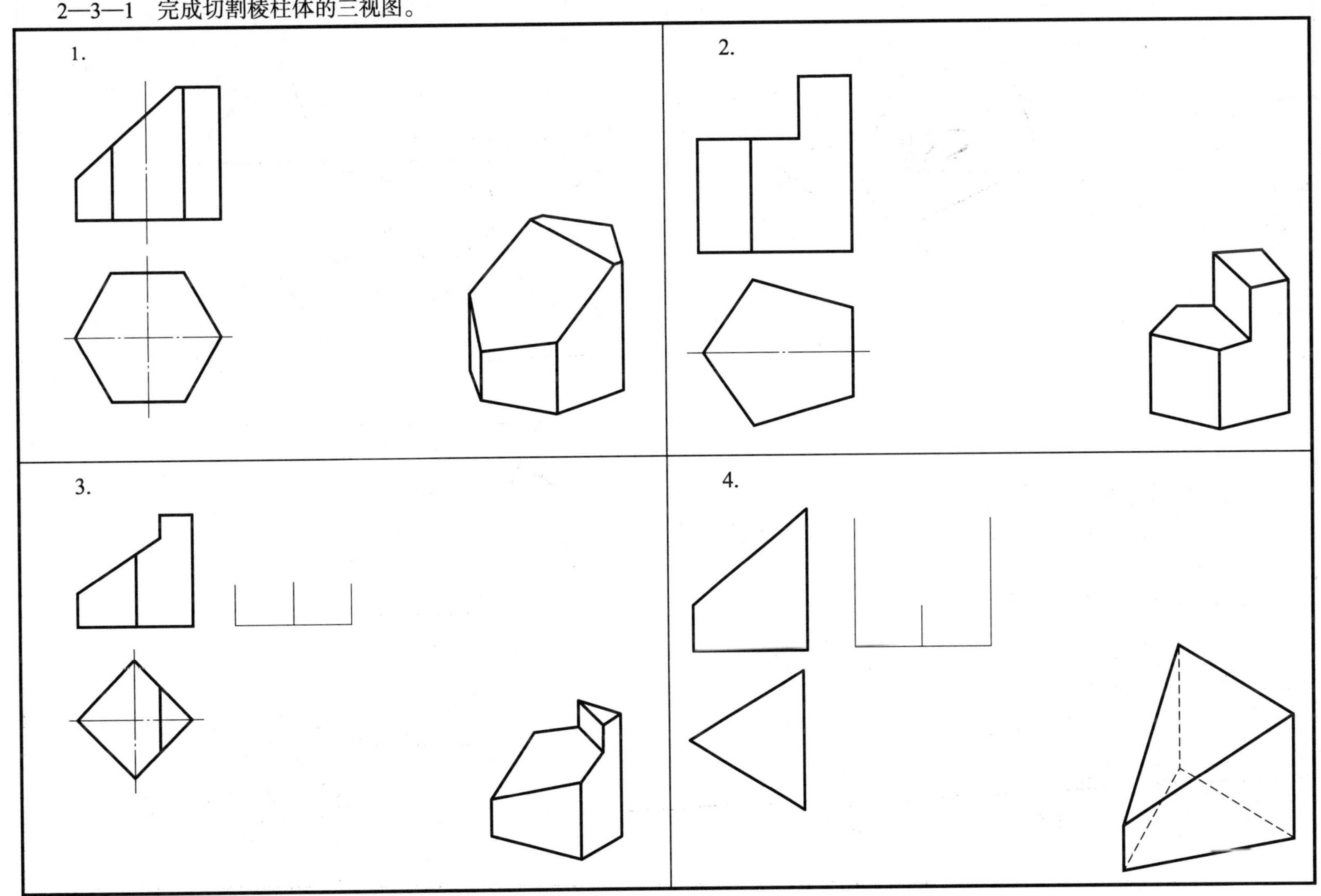

2—3—2　完成切割棱锥体的三视图。

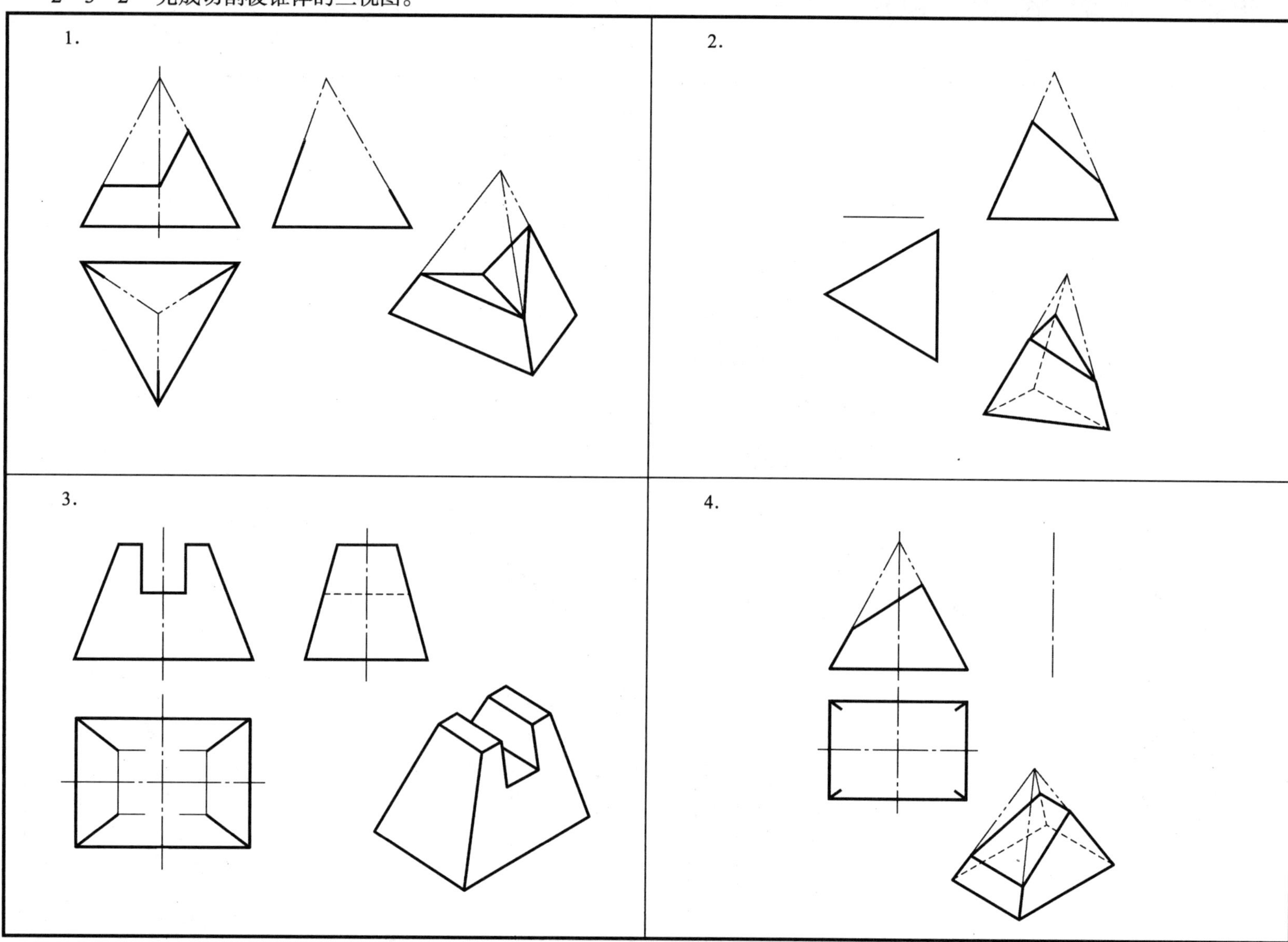

　　班级　　姓名　　学号

2—3—3 根据已知的主、俯视图，选择正确的左视图，将正确答案填在题号后的（　　）内。

1.（　　）

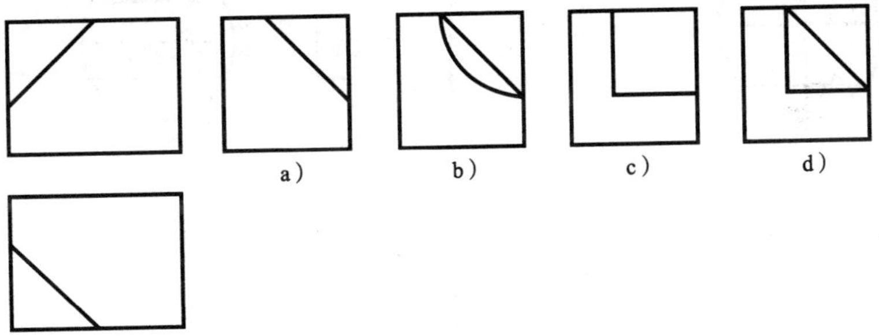

a)　b)　c)　d)

2.（　　）

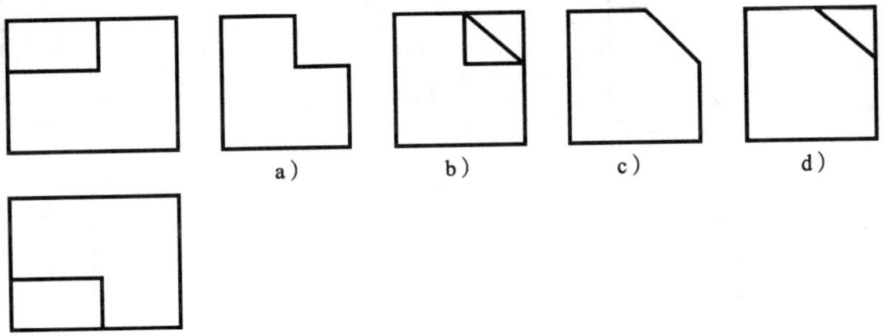

a)　b)　c)　d)

3.（　　）

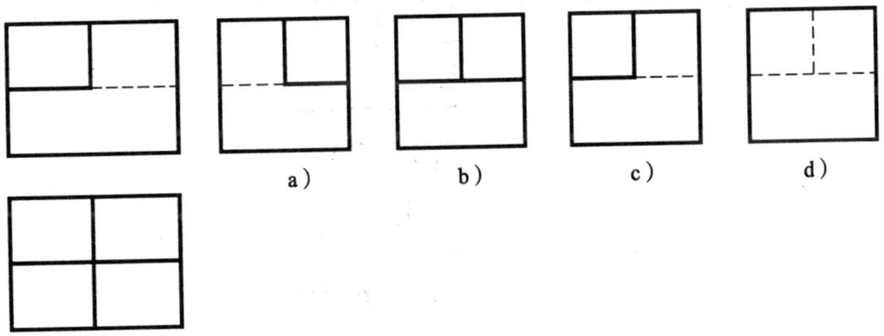

a)　b)　c)　d)

4.（　　）

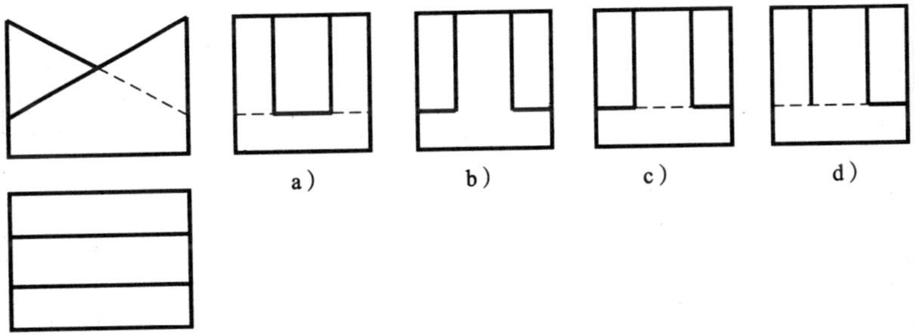

a)　b)　c)　d)

班级　　姓名　　学号

2—3—4　根据已知的主、左视图，选择正确的俯视图，将正确答案填在题号后的（　　）内。

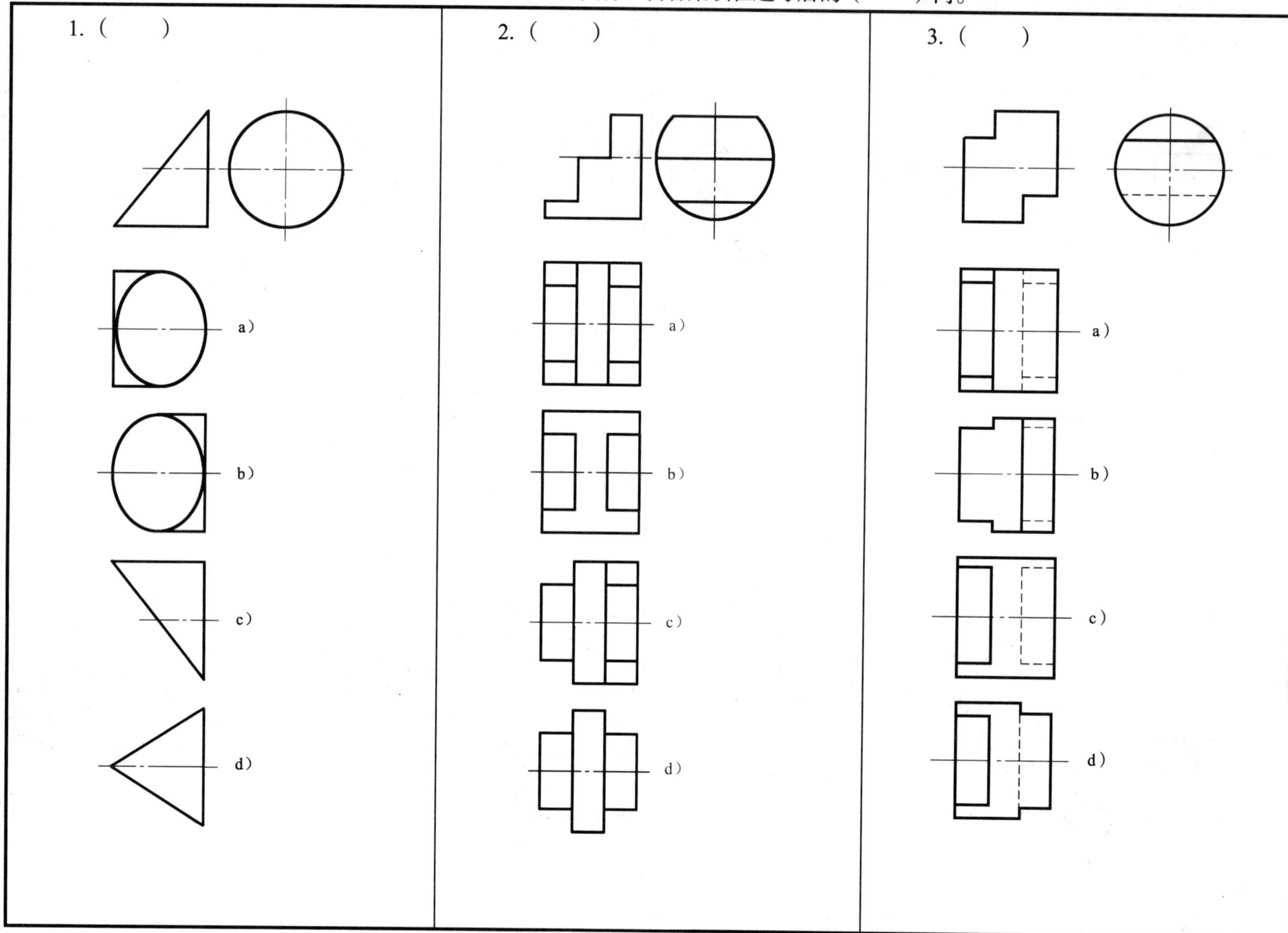

　　班级　　　姓名　　　学号

2—3—5　完成切割圆柱体的三视图。

1.

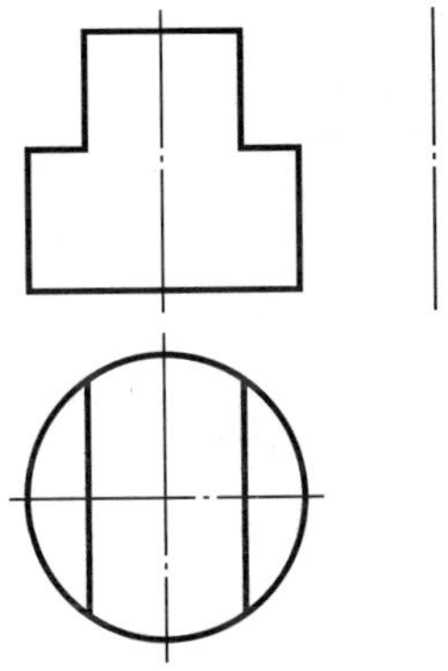

2.

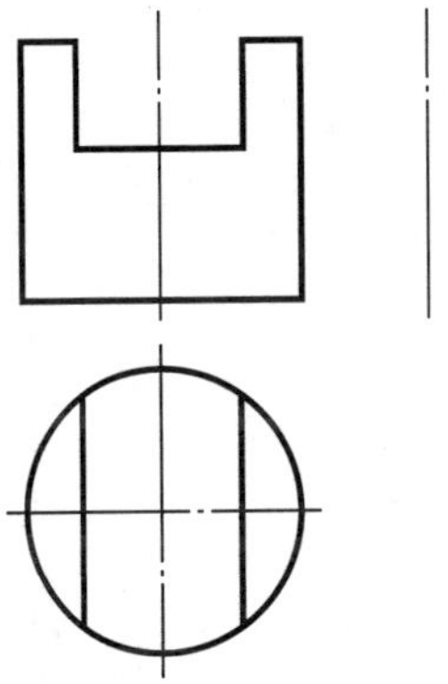

3.

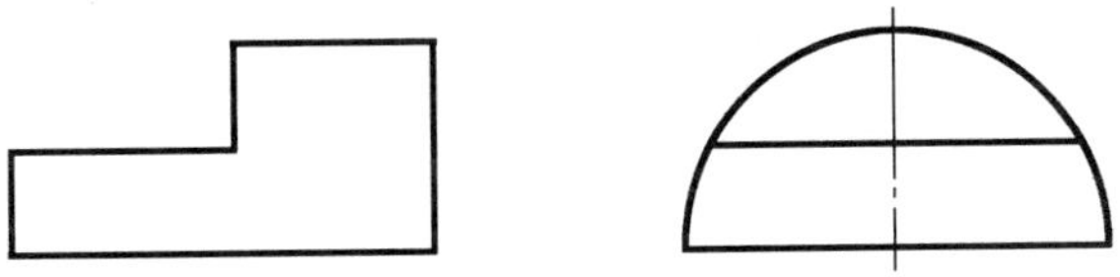

4.

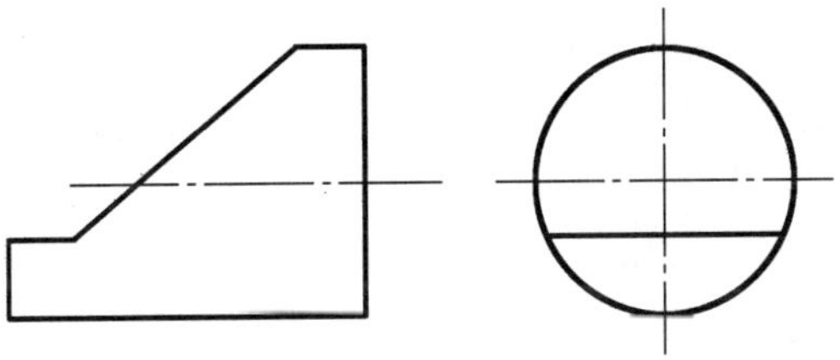

班级　　　　姓名　　　　学号

2—3—6　根据已知的主、左视图，选择正确的俯视图，将正确答案填在题号后的（　　）内。

1.（　　）

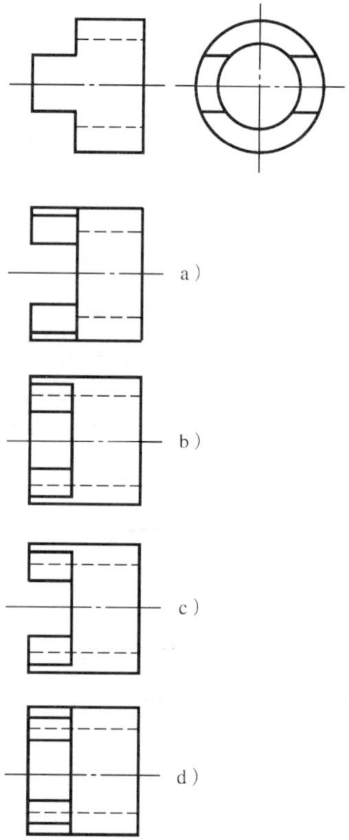

a）

b）

c）

d）

2.（　　）

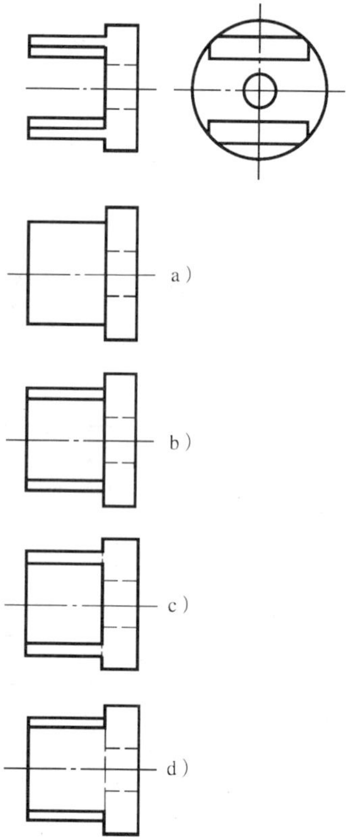

a）

b）

c）

d）

3.（　　）

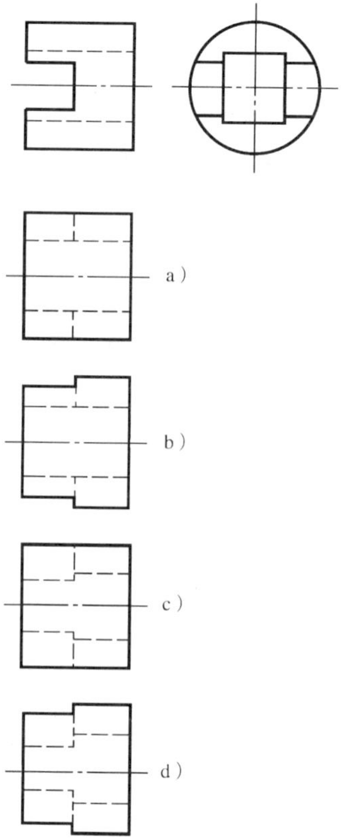

a）

b）

c）

d）

班级　　　　姓名　　　　学号

2—3—7　完成切割圆锥体的三视图。

1.

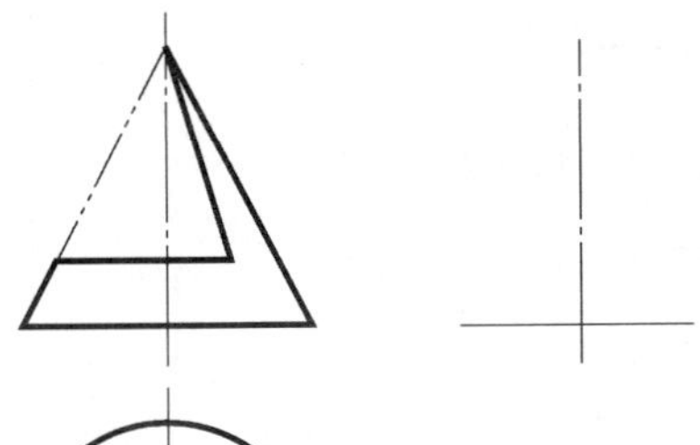

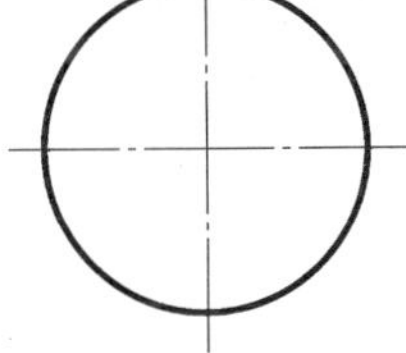

2.

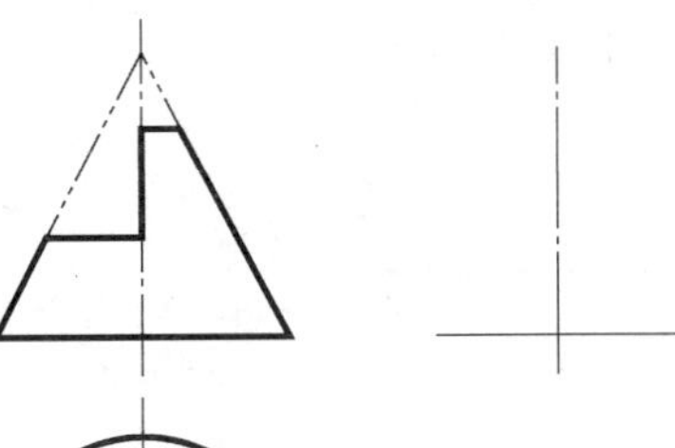

3.

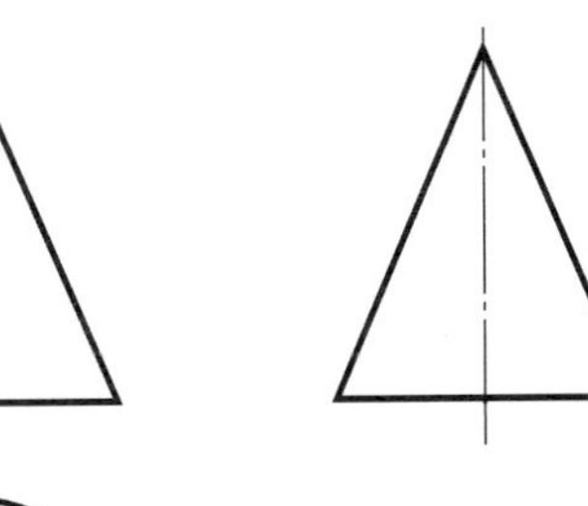

4.

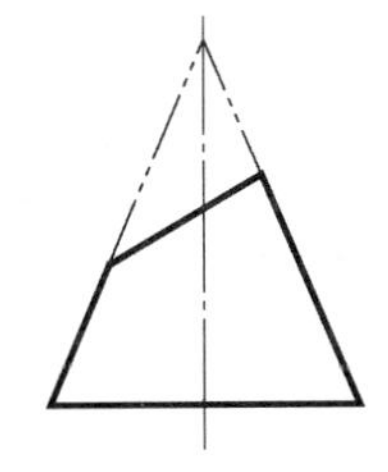

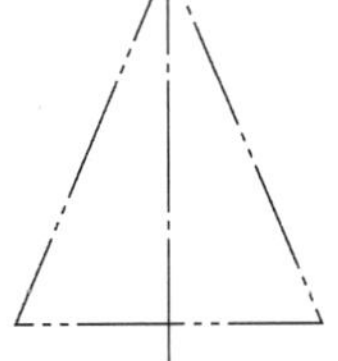

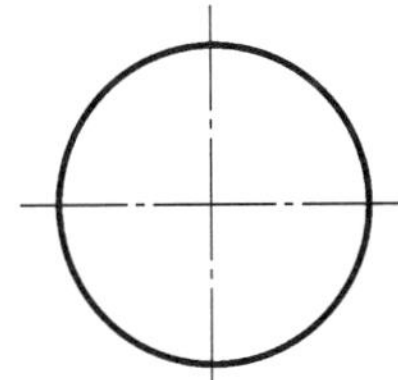

2—3—8　完成切割圆球体的三视图。

1.

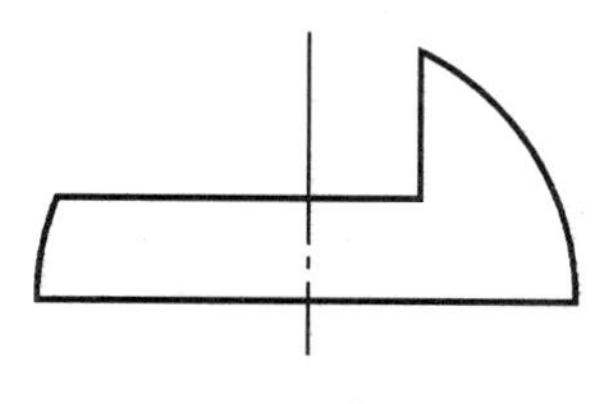

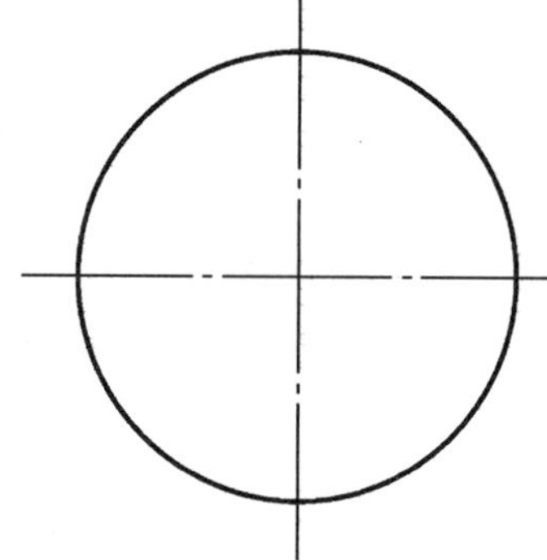

2.

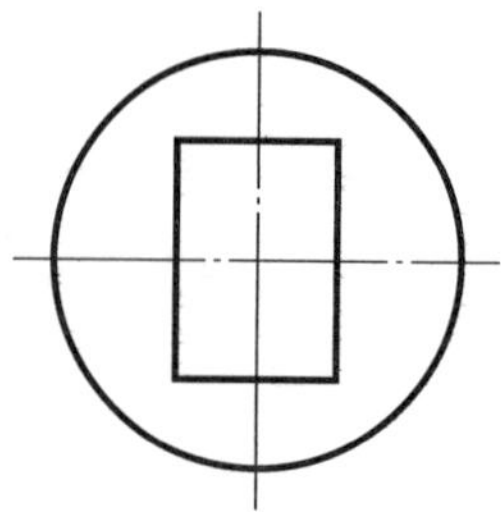

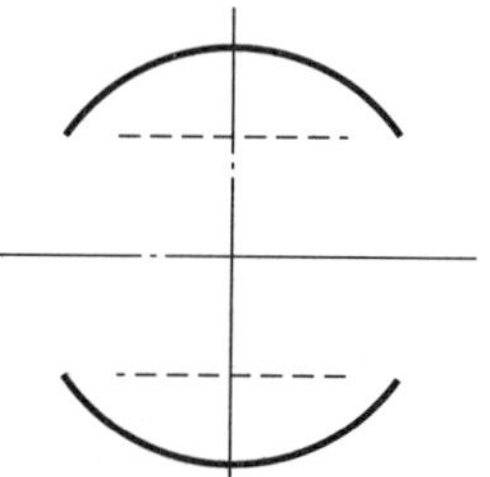

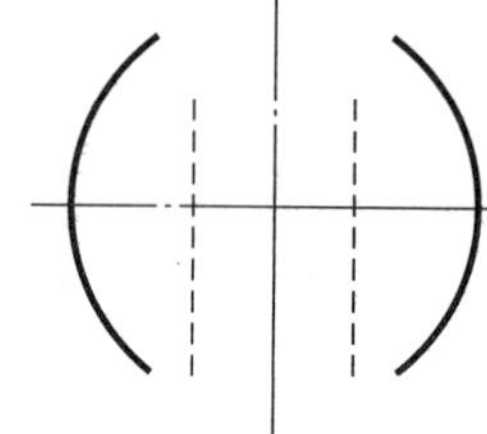

2—3—9　根据已知的主、俯视图，选择正确的左视图，将正确答案填在题号后的（　　）内。

1. （　　）

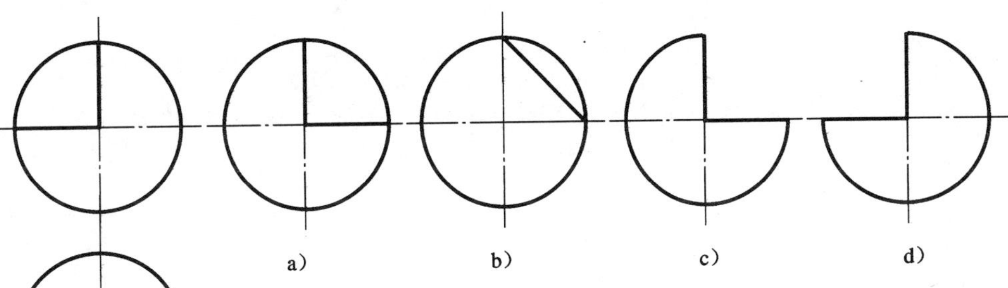

2. （　　）

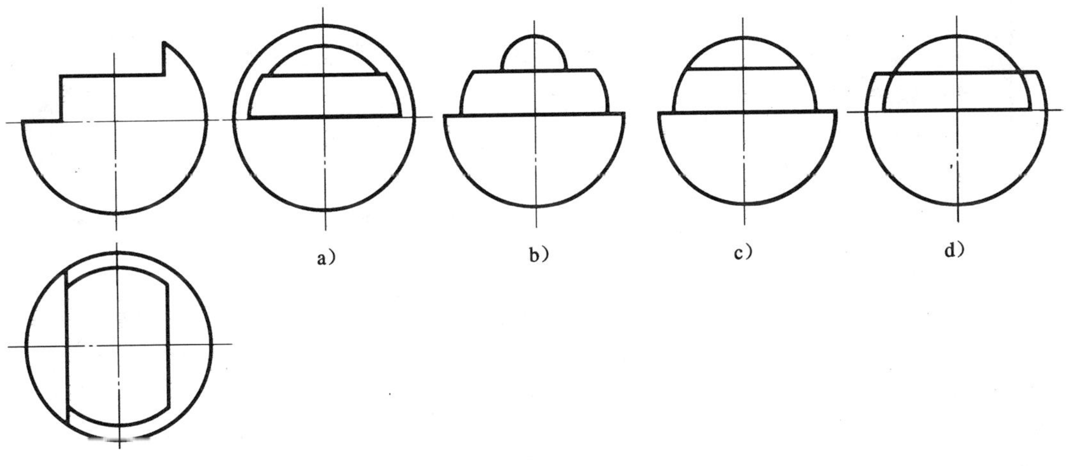

课题四　识读相贯体的三视图

2—4—1　补画各图中相贯线的投影（一）。

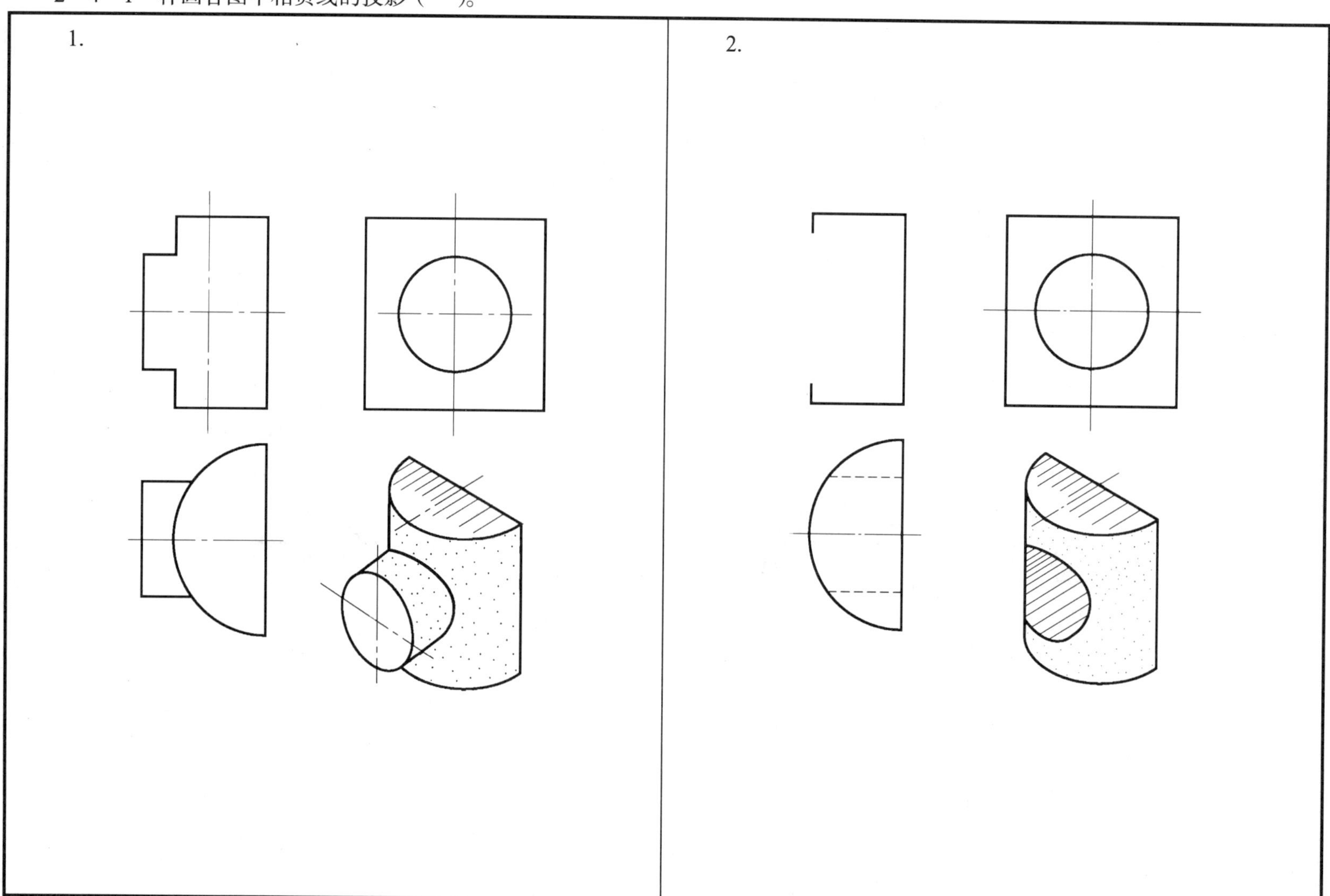

　　班级　　　姓名　　　学号

2—4—2　补画各图中相贯线的投影（二）。

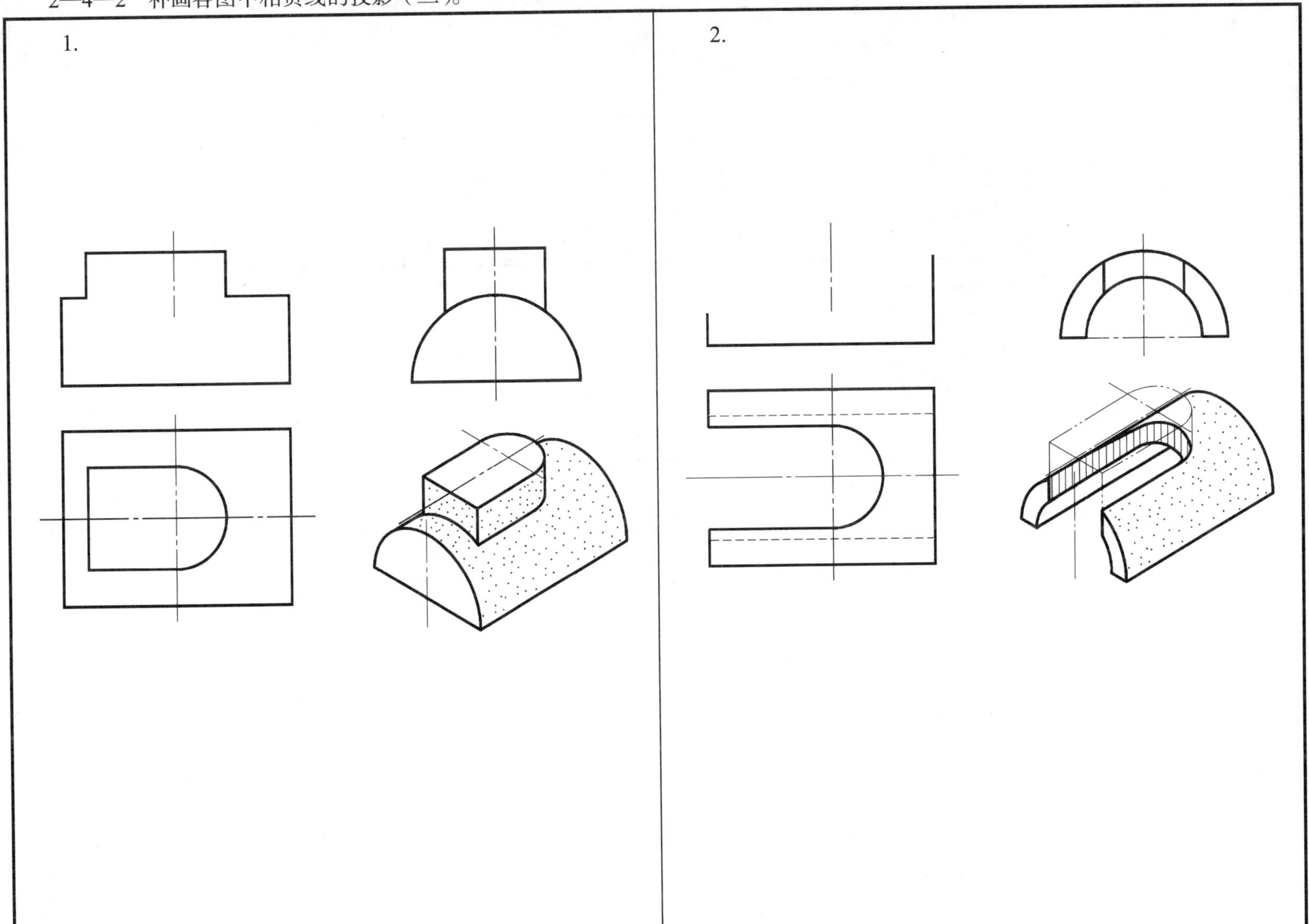

2—4—3　根据已知的主、俯视图，选择正确的左视图，将正确答案填在题号后的（　　）内。

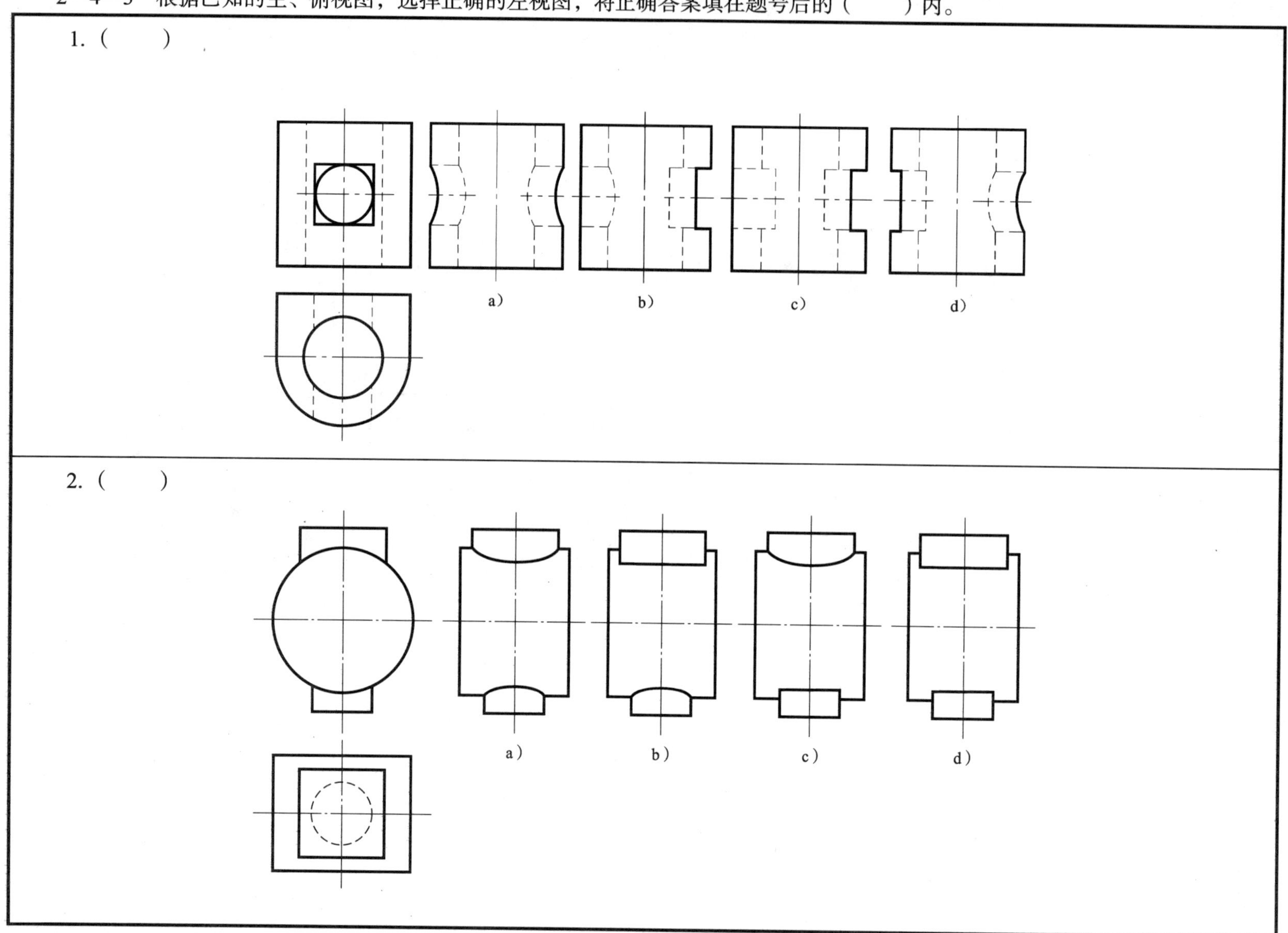

　　班级　　　　姓名　　　　学号

2—4—4 补画各图中相贯线的投影。

1.

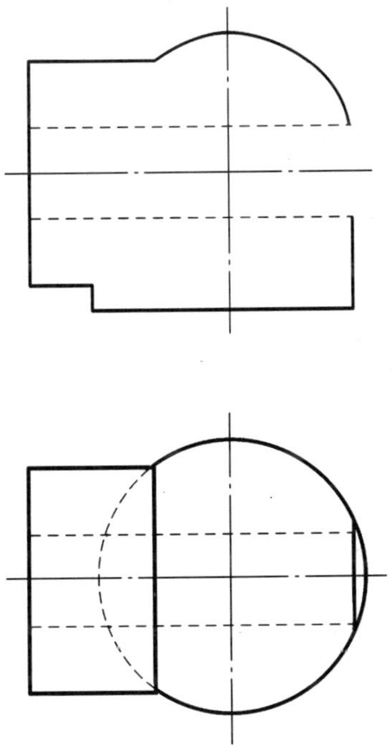

2.

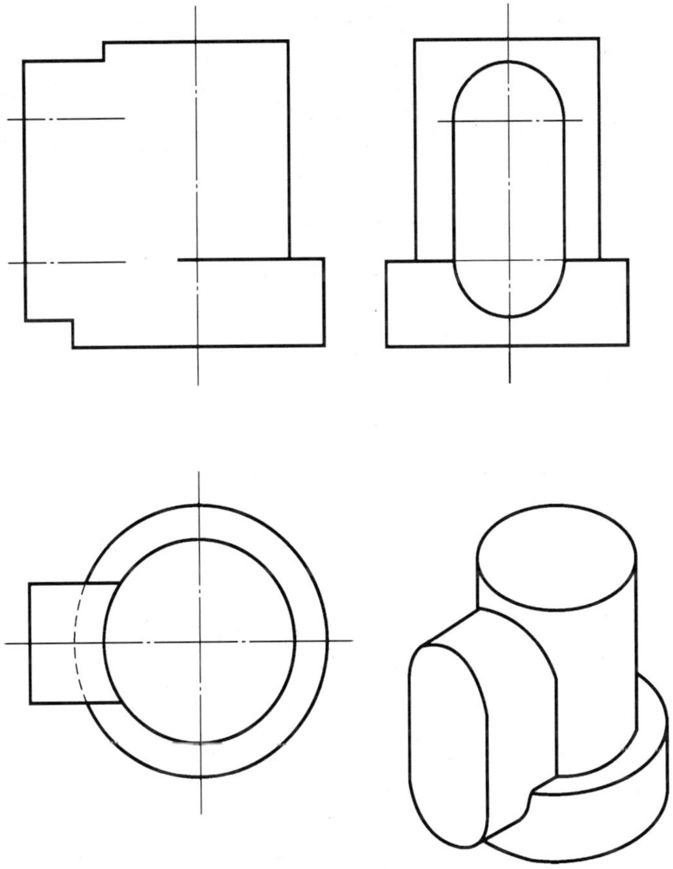

班级　　　　姓名　　　　学号

2—4—5　根据已知的主、俯视图，选择正确的左视图，将正确答案填在题号后的（　　）内。

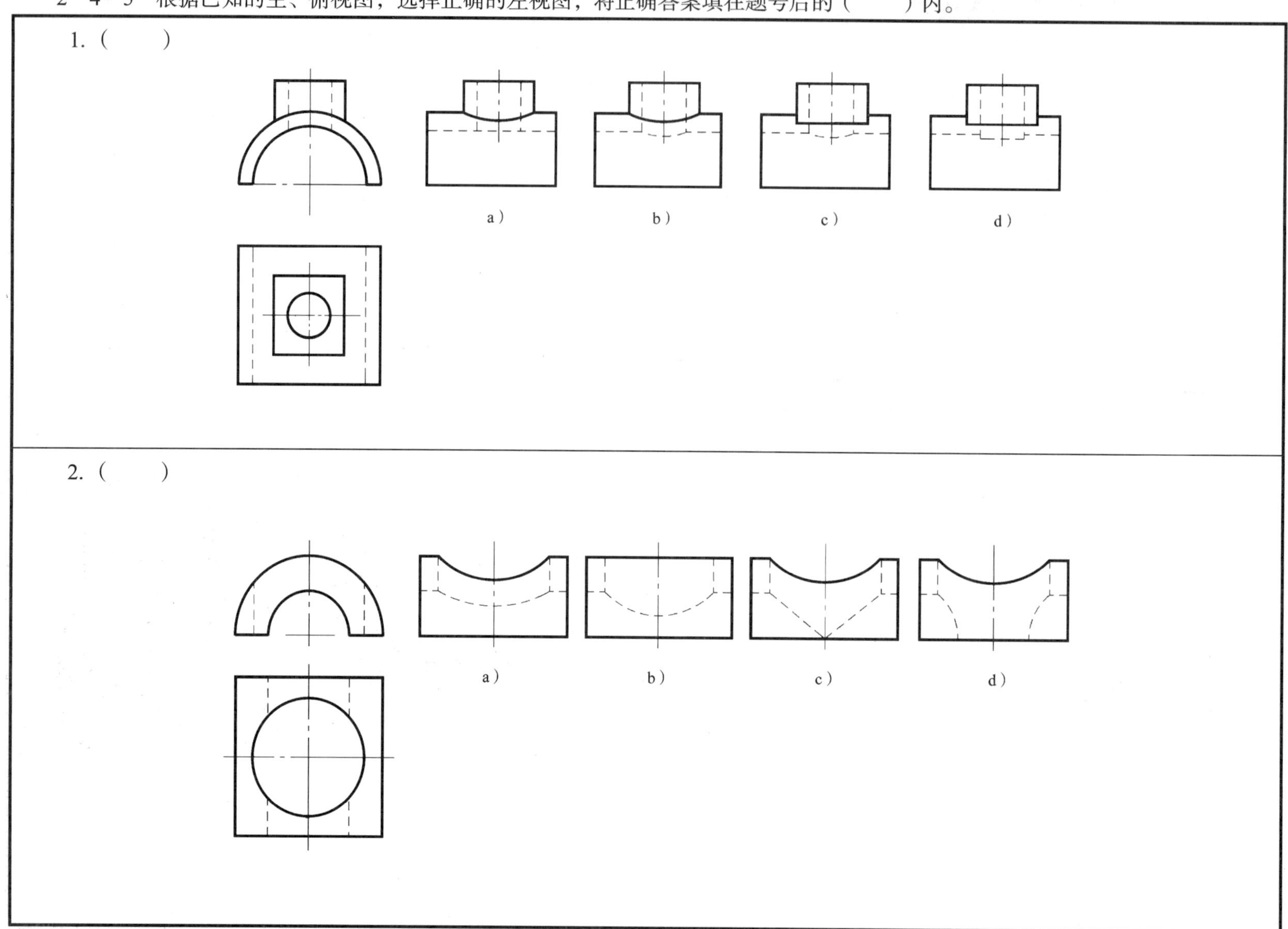

　班级　姓名　学号

*单元三　识读组合体的三视图

课题一　认知组合体

3—1—1　根据物体的三视图，找出对应的轴测图，在（　　）内填写相应的序号。

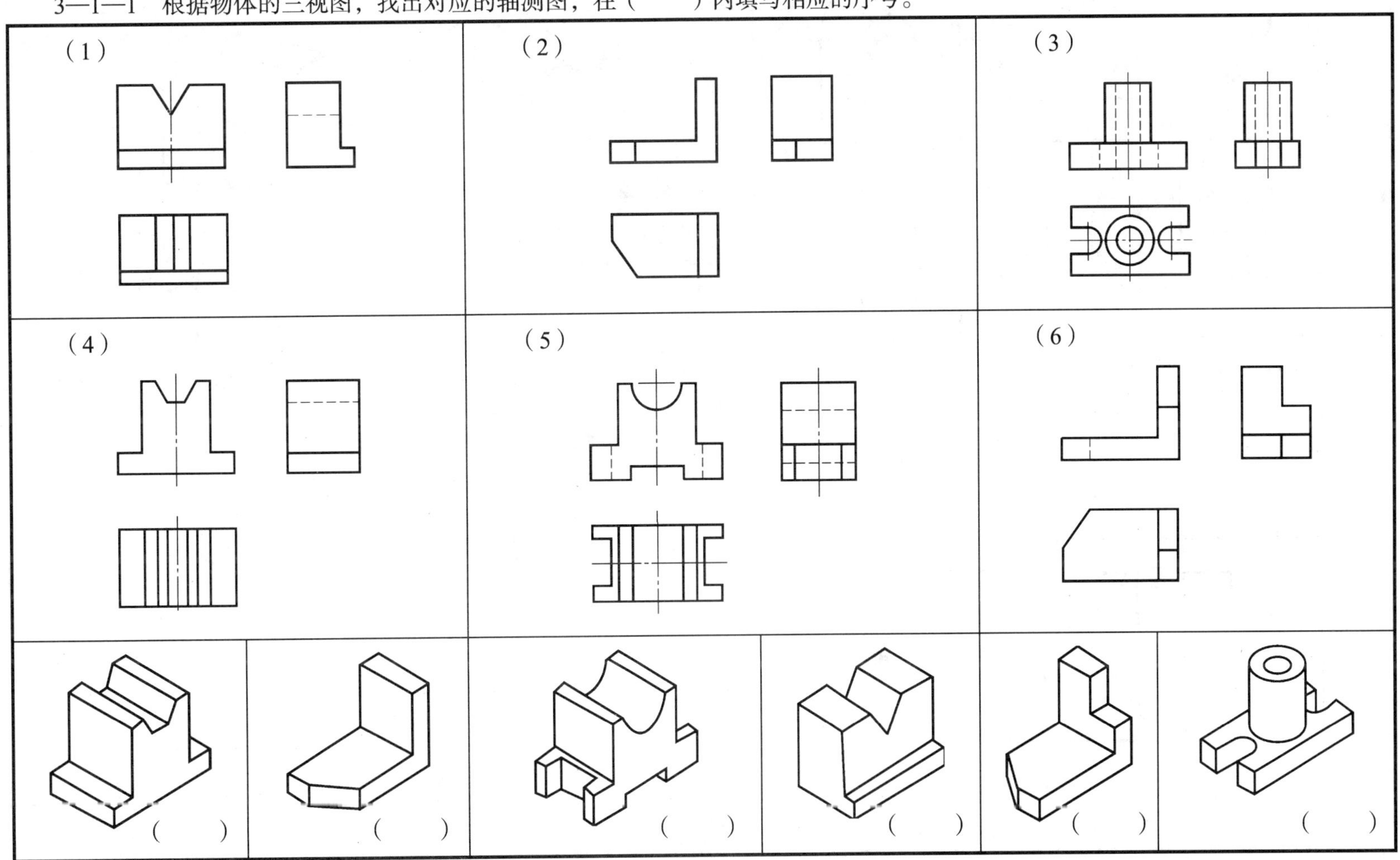

3—1—2　根据物体的三视图及轴测图，将对应各视图的图号填入表中。

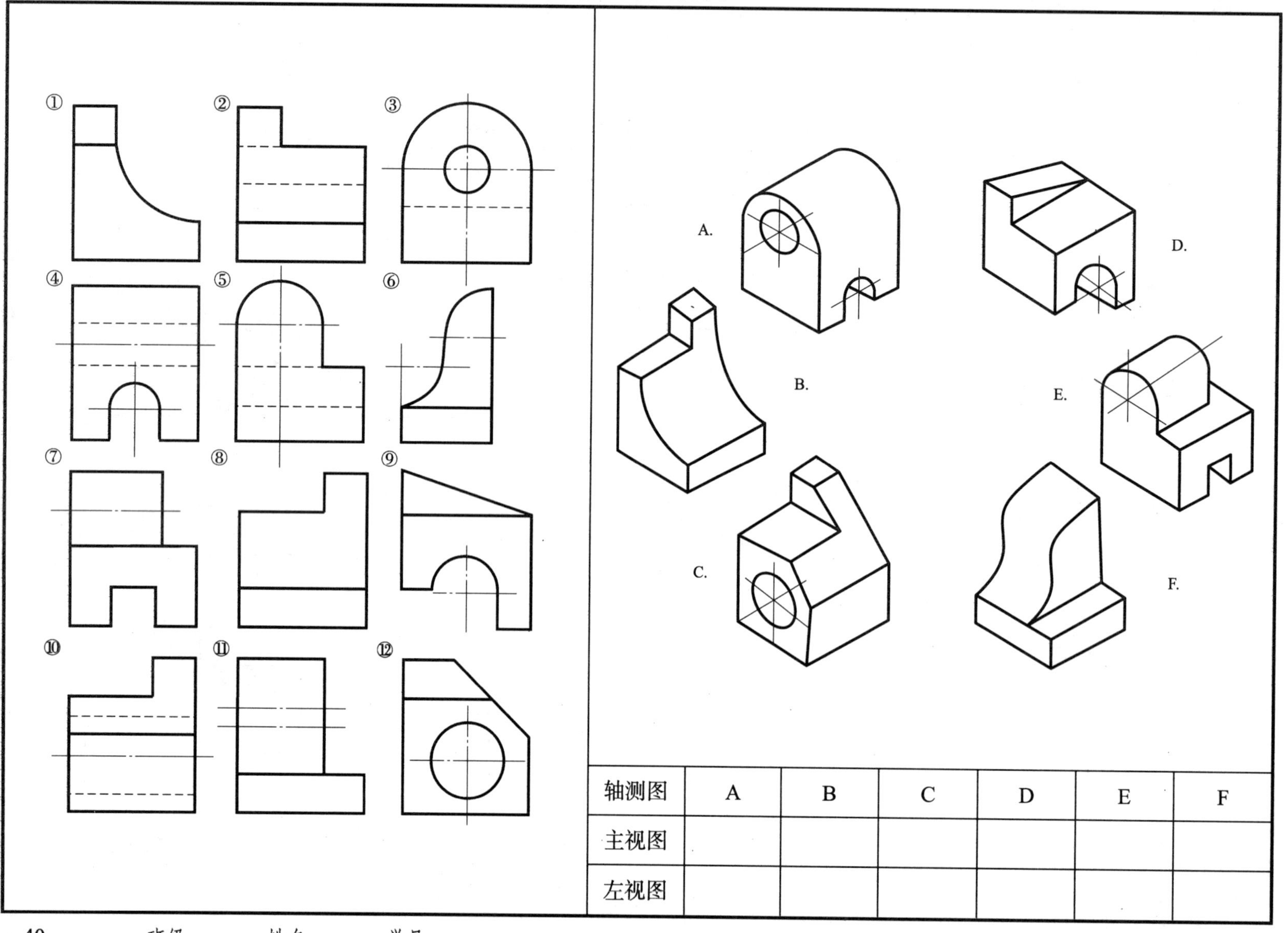

轴测图	A	B	C	D	E	F
主视图						
左视图						

　　班级　　　姓名　　　学号

3—1—3　根据已知的主、左视图，选择正确的俯视图，将正确答案填在题号后的（　　）内。

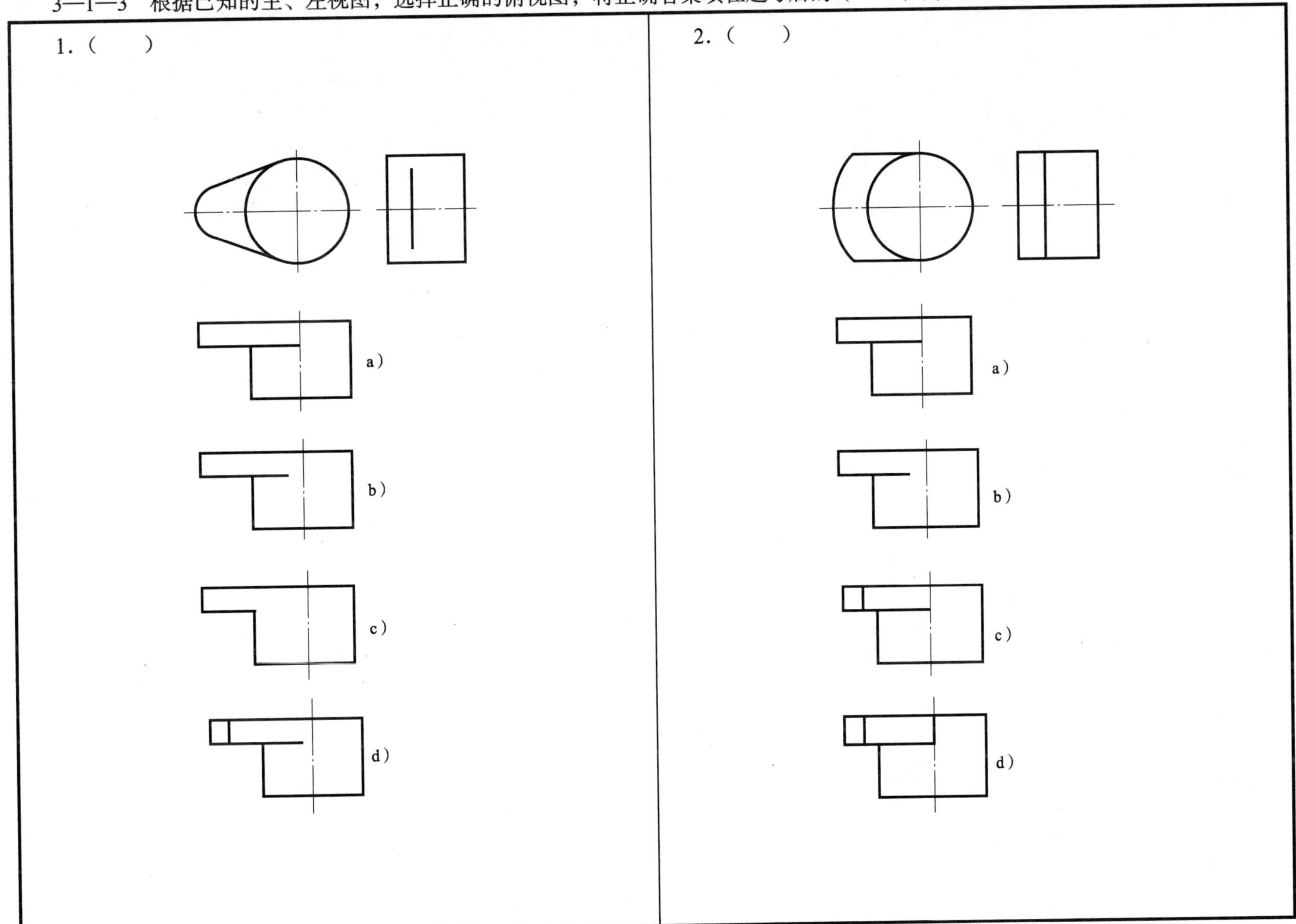

3—1—4　补画组合体的表面交线。

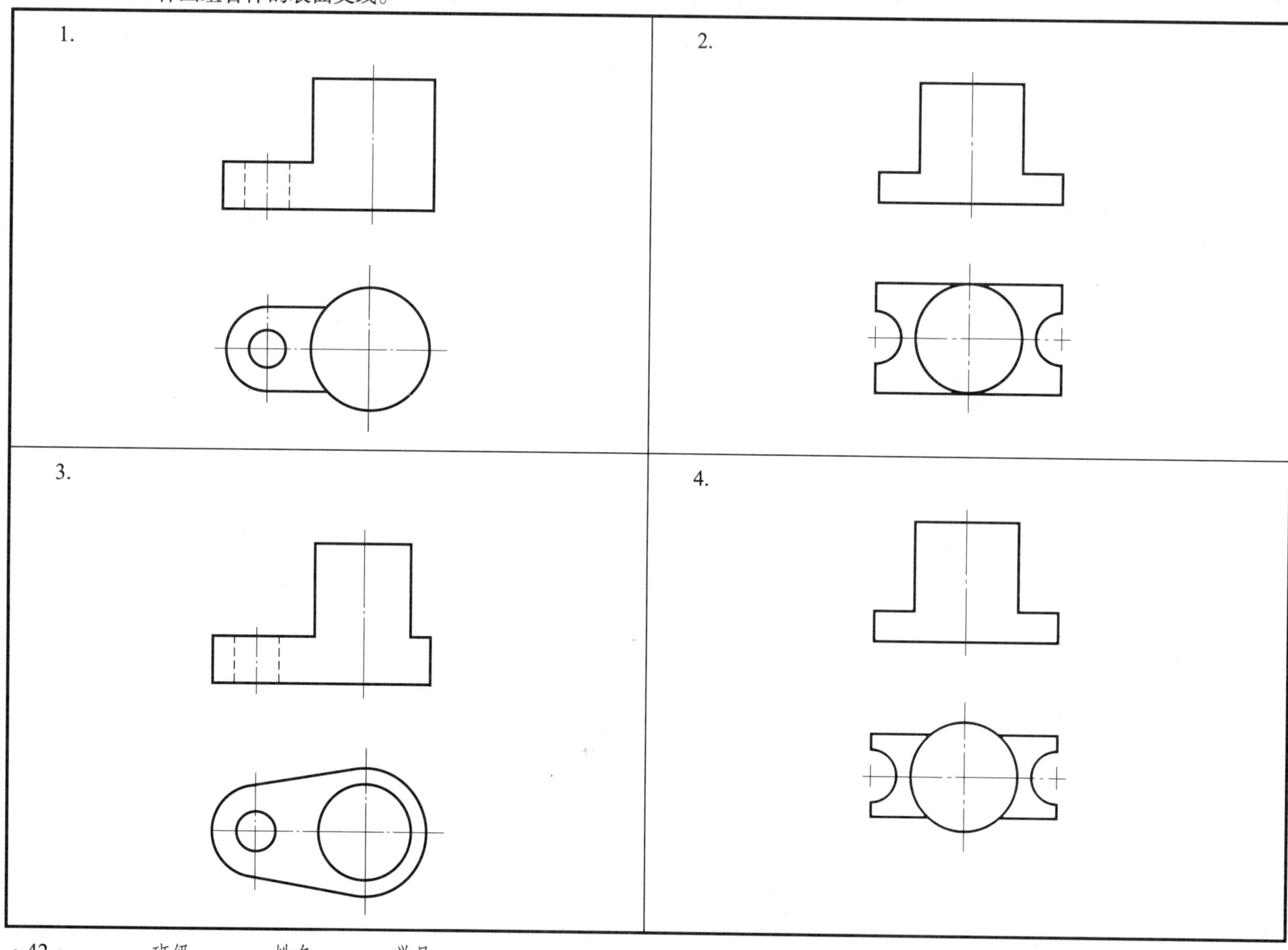

　　班级　　姓名　　学号

3—1—5 根据已知的主视图，选择正确的俯视图，将正确答案填在题号后的（ ）内。

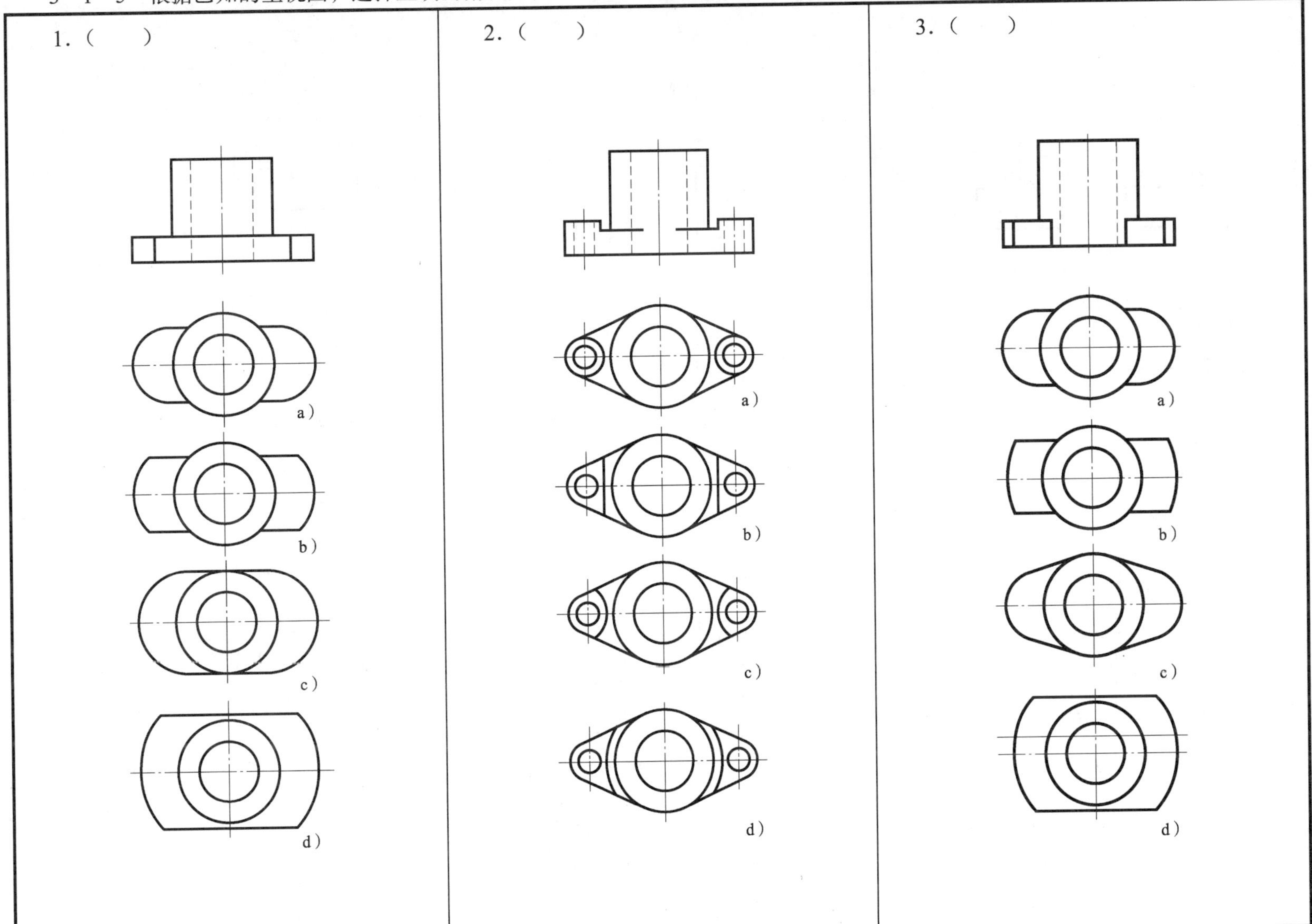

3—1—6 根据已知的主、左视图和轴测图，选择正确的俯视图，将正确答案填在题号后的（ ）内。

1.（ ）

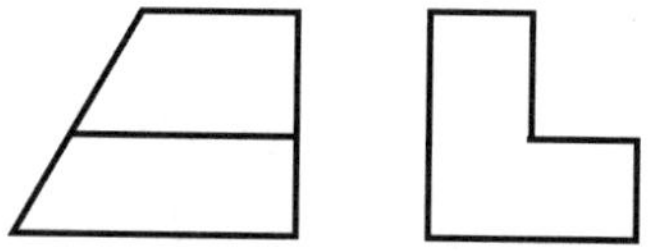

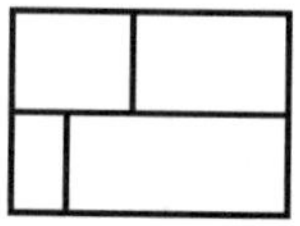

a）

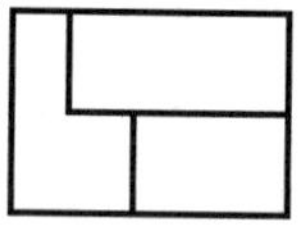

b）

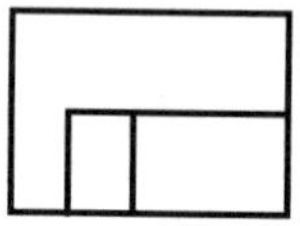

c）

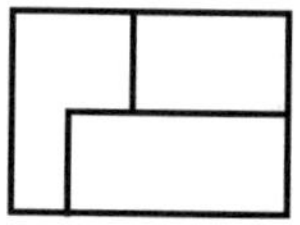

d）

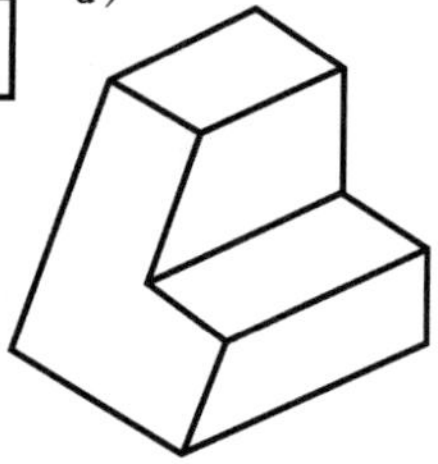

2.（ ）

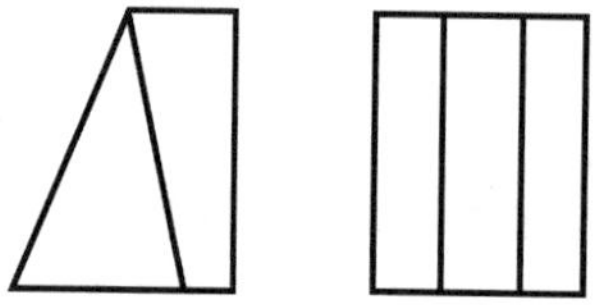

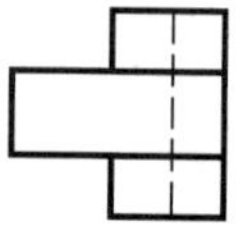

a）

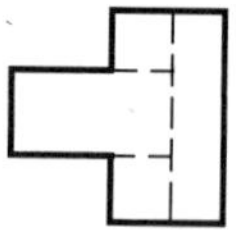

b）

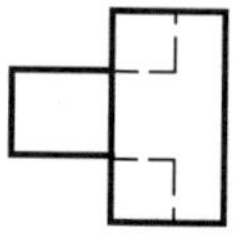

c）

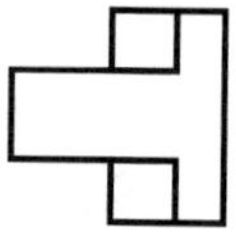

d）

3.（ ）

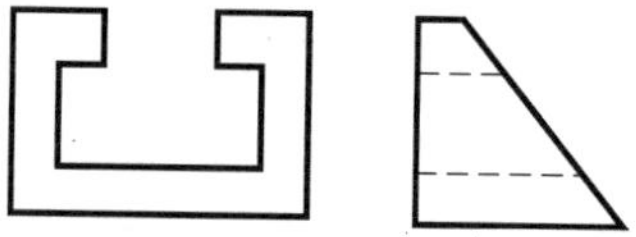

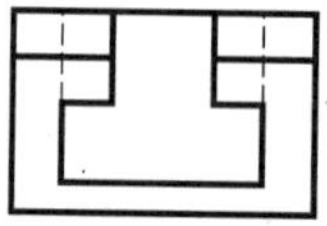

a）

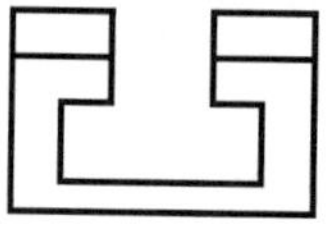

b）

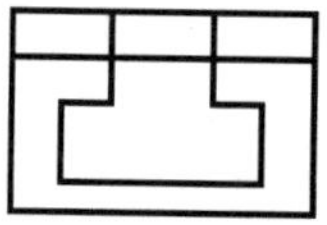

c）

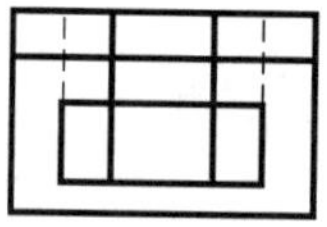

d）

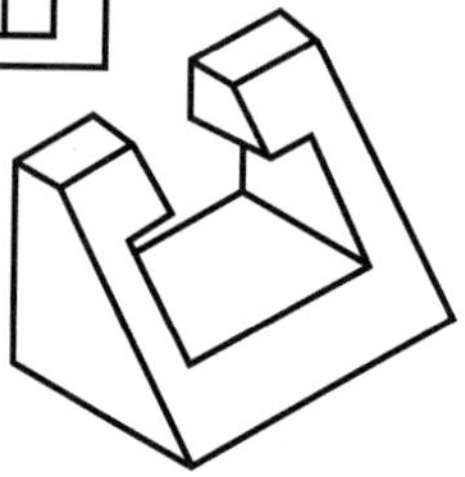

 班级 姓名 学号

课题二　画组合体三视图

3—2—1　参考轴测图，按形体分析的方法，逐步画出组合体的左视图。

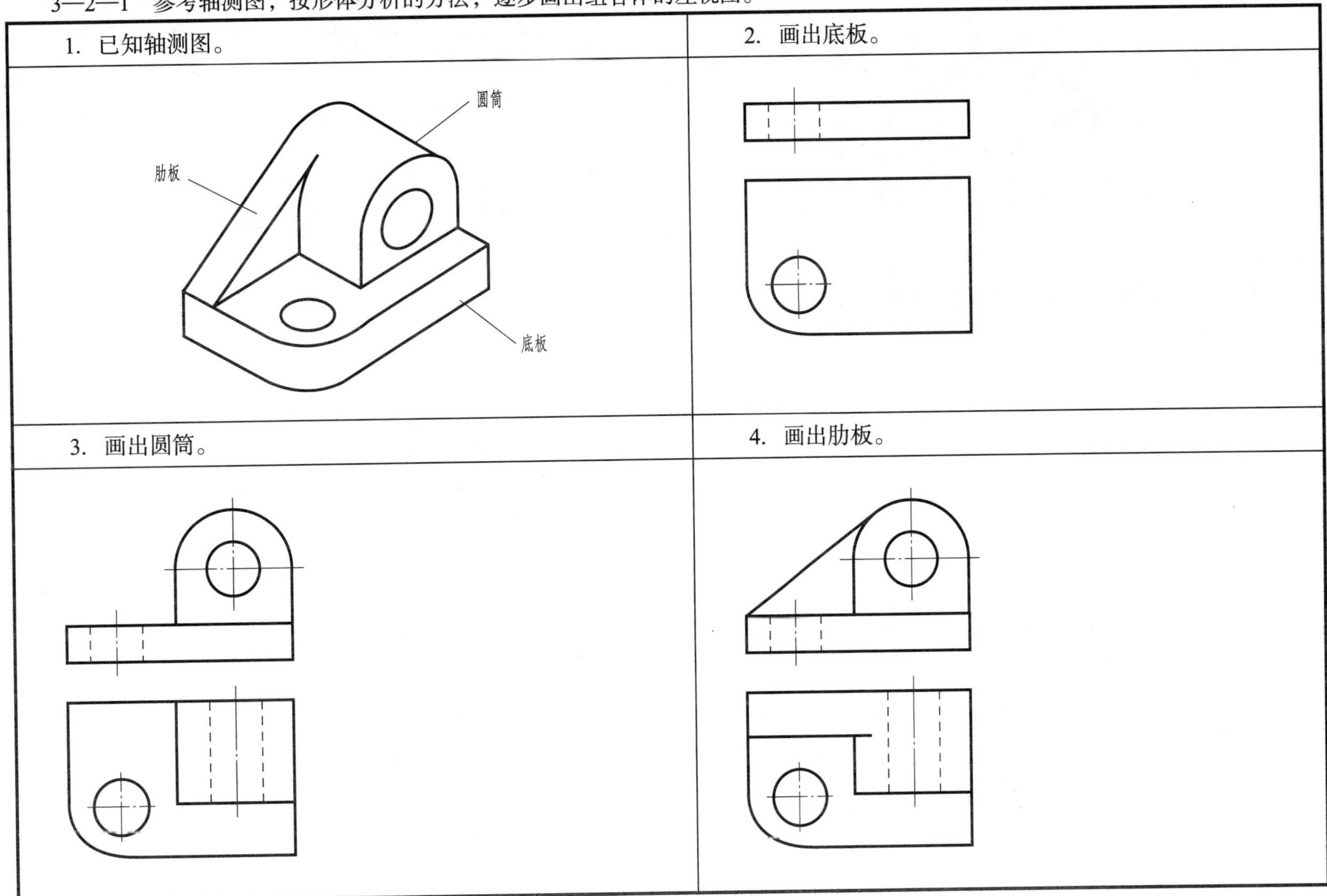

3—2—2　参考轴测图，按切割的顺序，逐步画出组合体的左视图。

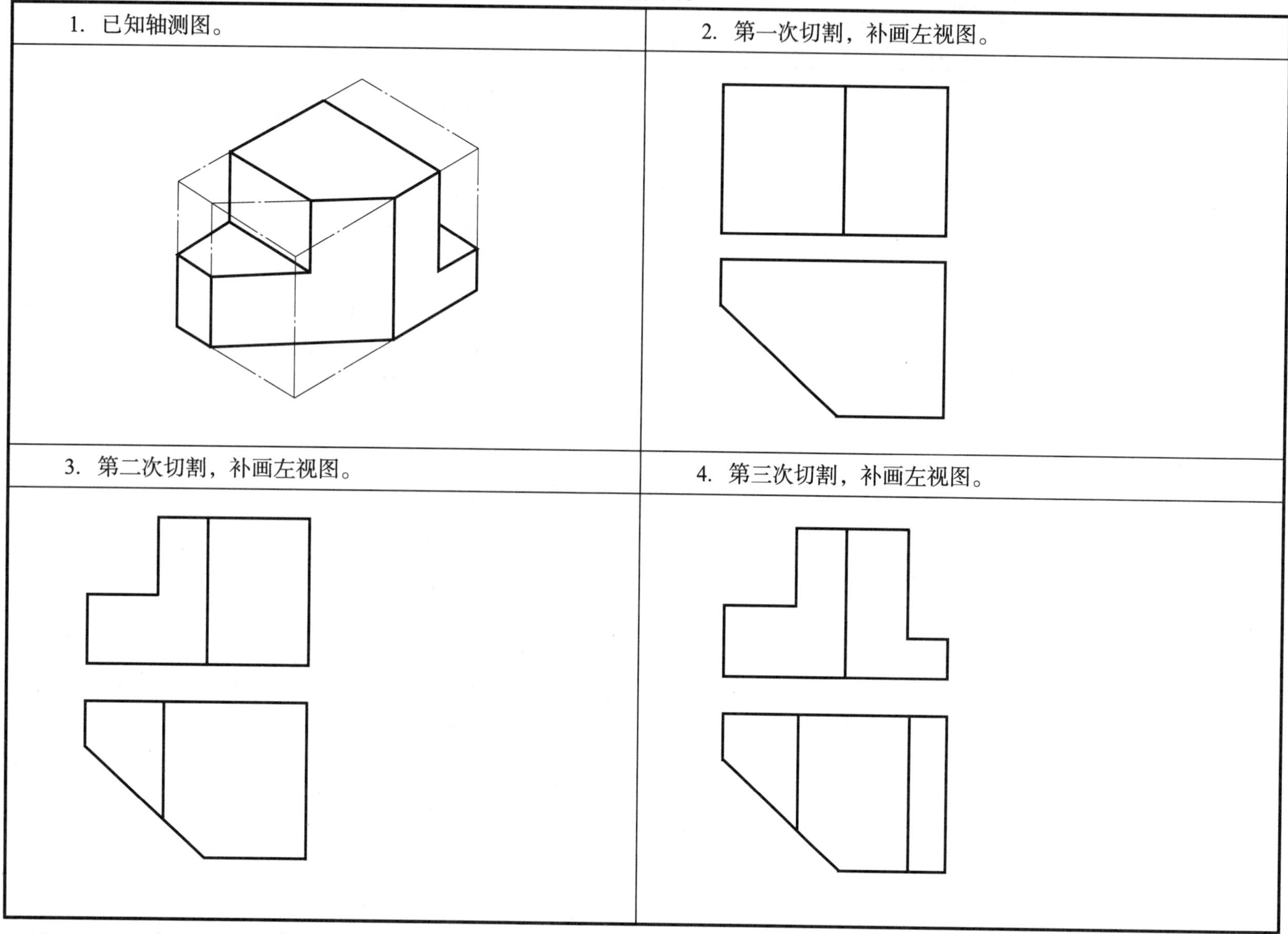

3—2—3　根据已知的轴测图或轴测图和两面视图，按1:1画三视图。

1.

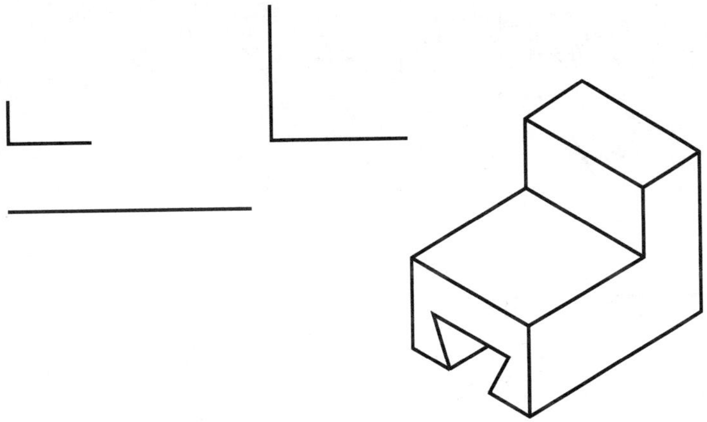

2.

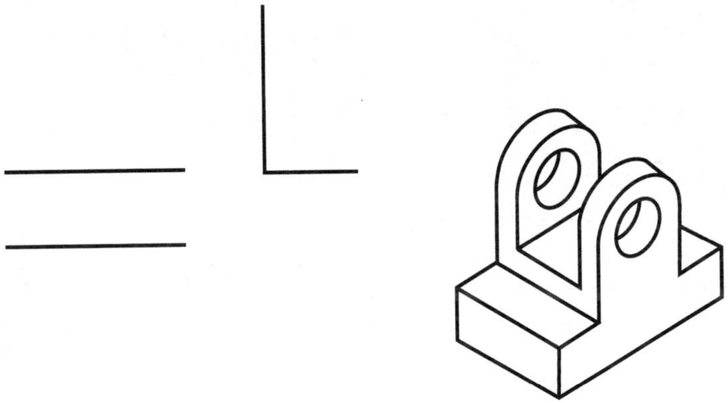

3.

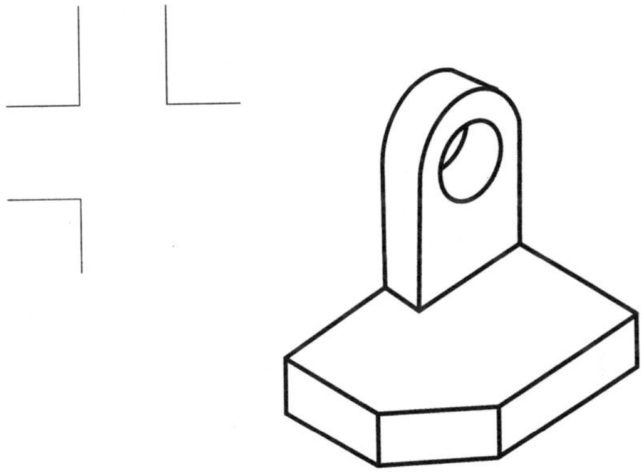

4.

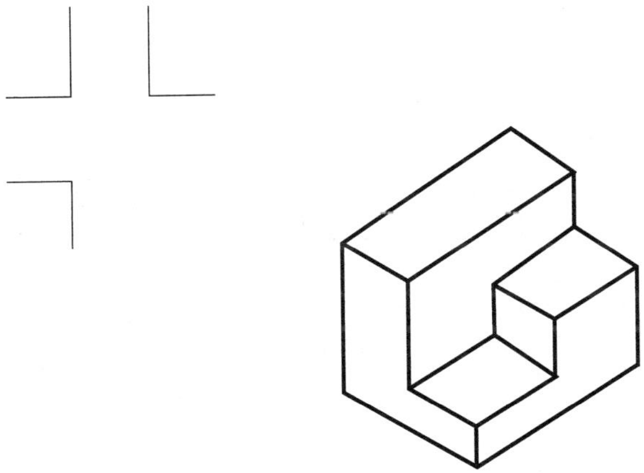

3—2—4　根据已知视图，并参考轴测图，补画视图中漏画的图线。

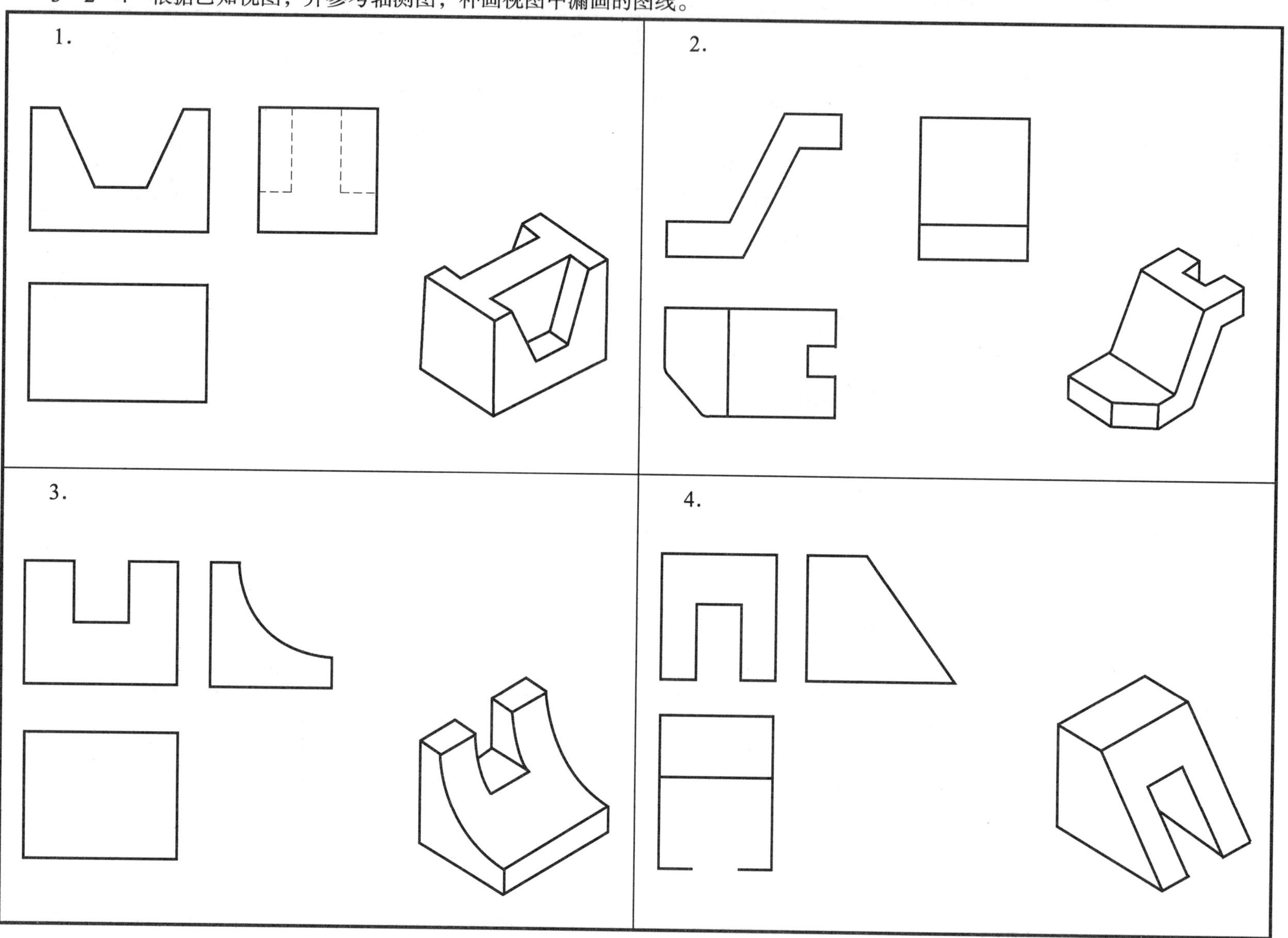

　　班级　　　姓名　　　学号

课题三　识读组合体的三视图

3—3—1　根据已知的主、俯视图，选择正确的左视图，将正确答案写在题号后的（　　）内。

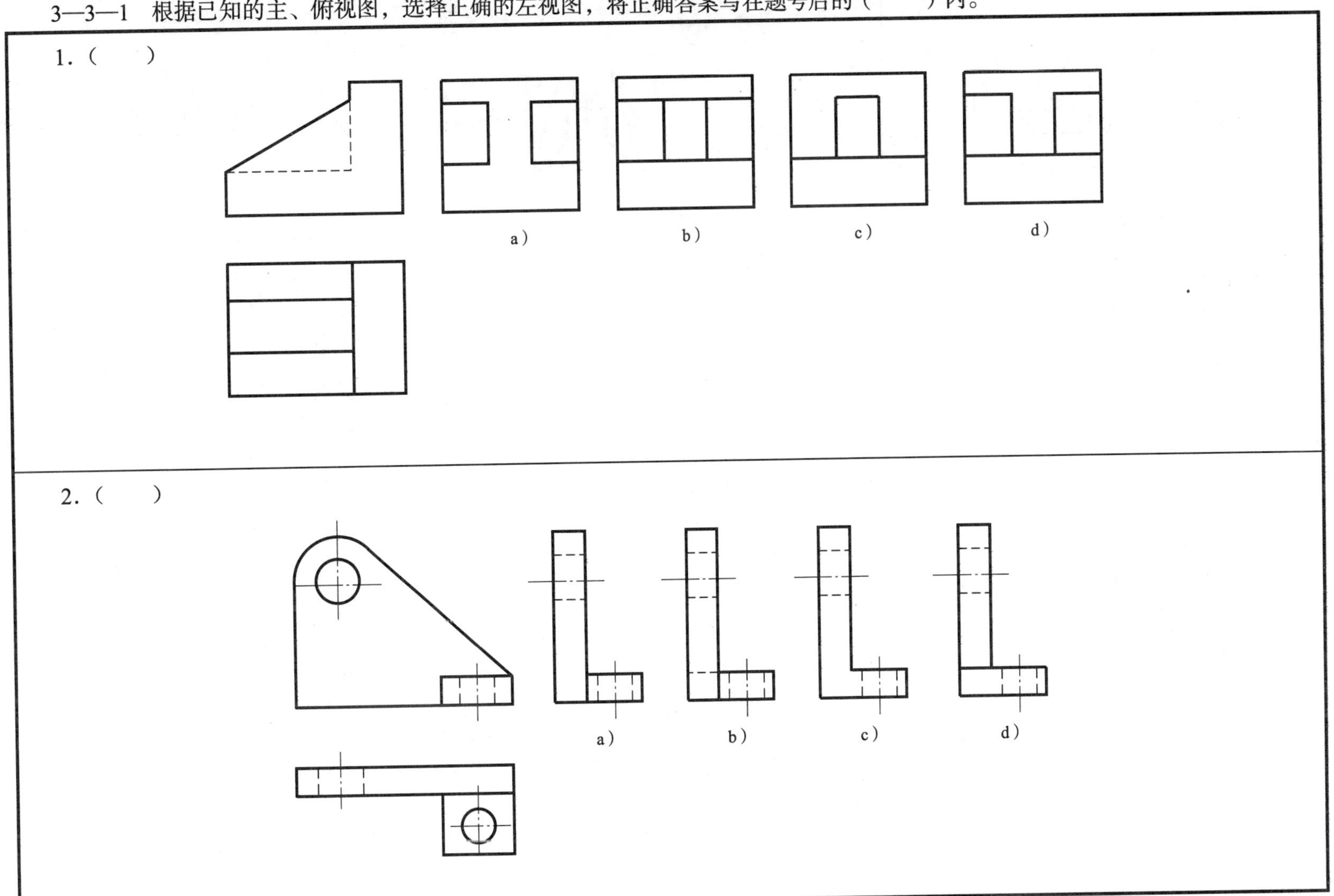

3—3—2　根据已知的主、左视图，选择正确的俯视图，将正确答案填在题号后的（　　）内。

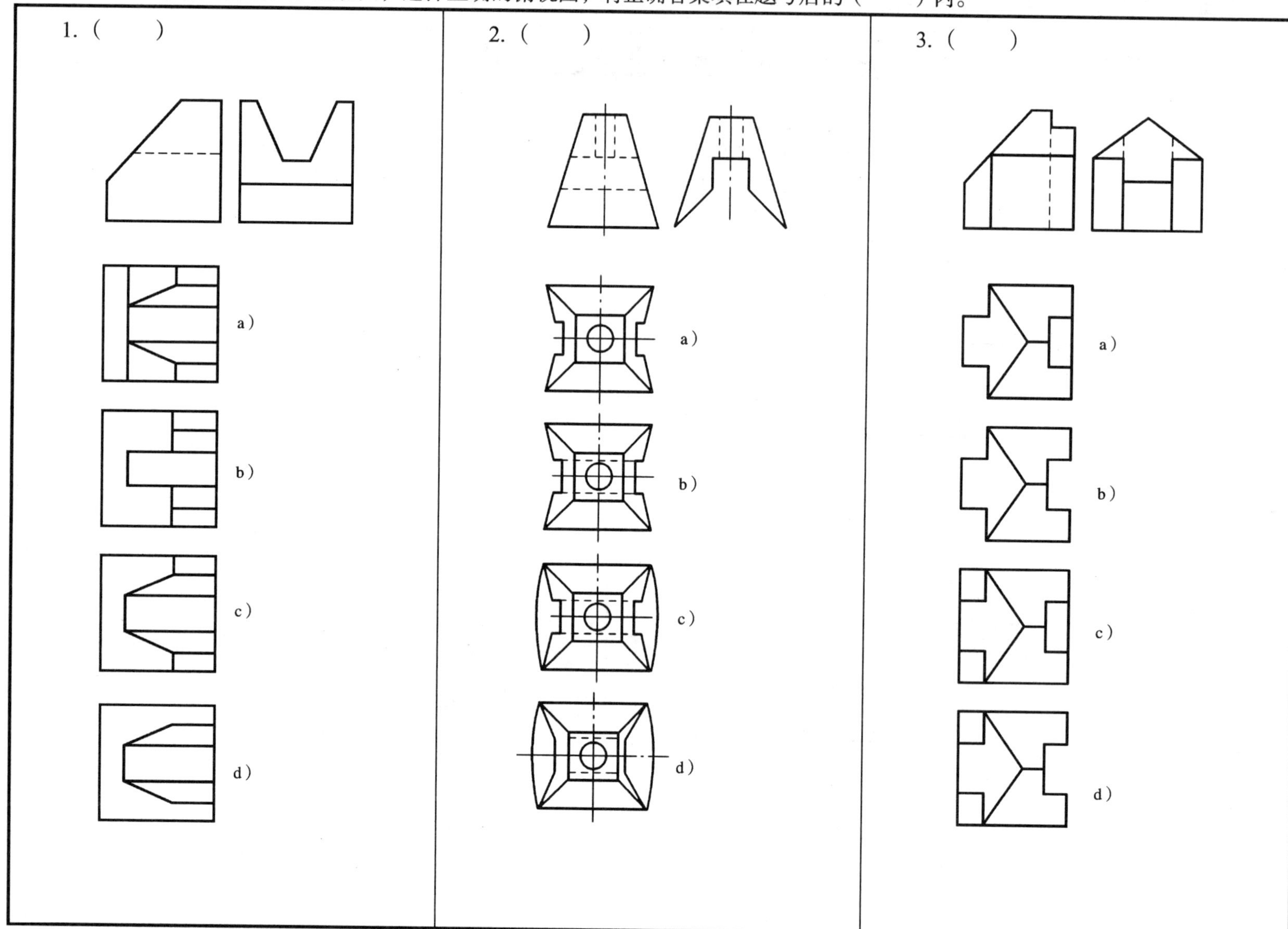

3—3—3　判断下图中所指线框的相对位置，并完成填空。

1.

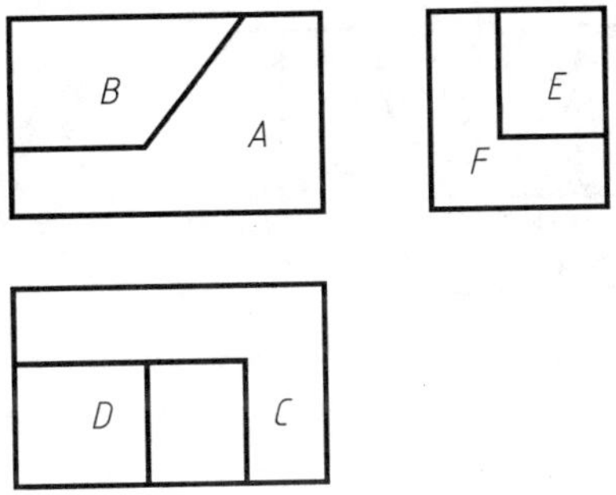

A 面在 *B* 面之___（前、后）

C 面在 *D* 面之___（上、下）

E 面在 *F* 面之___（左、右）

2.

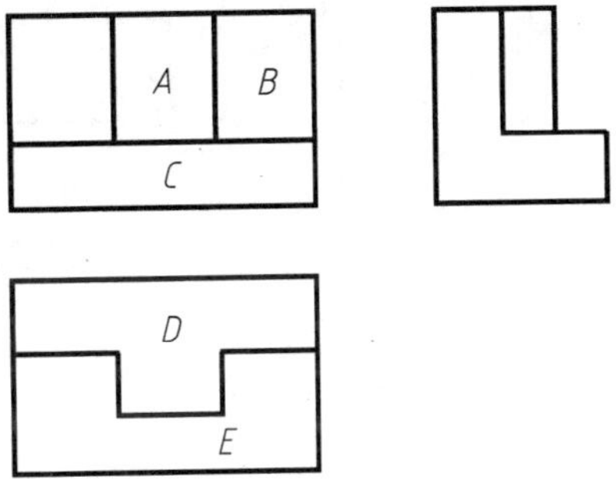

A 面在 *B* 面之___（前、后）

C 面在 *B* 面之___（前、后）

D 面在 *E* 面之___（上、下）

3.

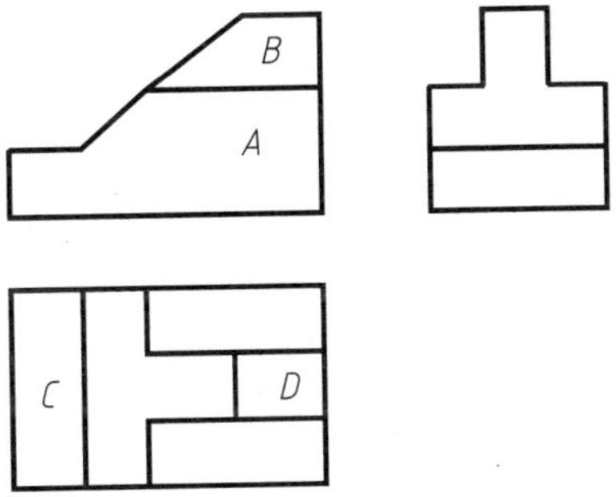

A 面在 *B* 面之___（前、后）

C 面在 *D* 面之___（上、下）

4.

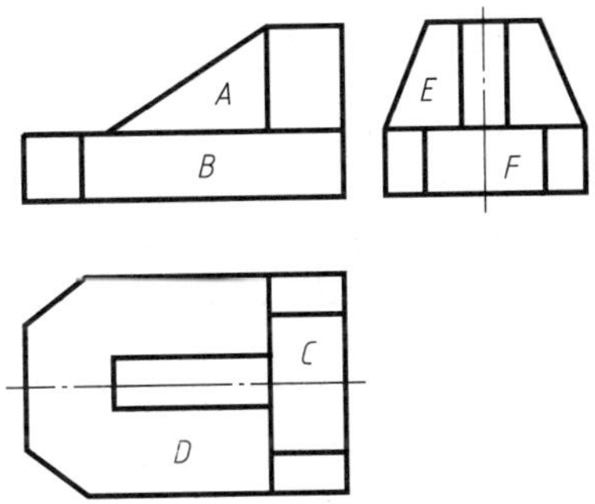

B 面在 *C* 面之___（前、后）

C 面在 *D* 面之___（上、下）

E 面在 *F* 面之___（左、右）

3—3—4　根据已知两视图，补画第三视图。

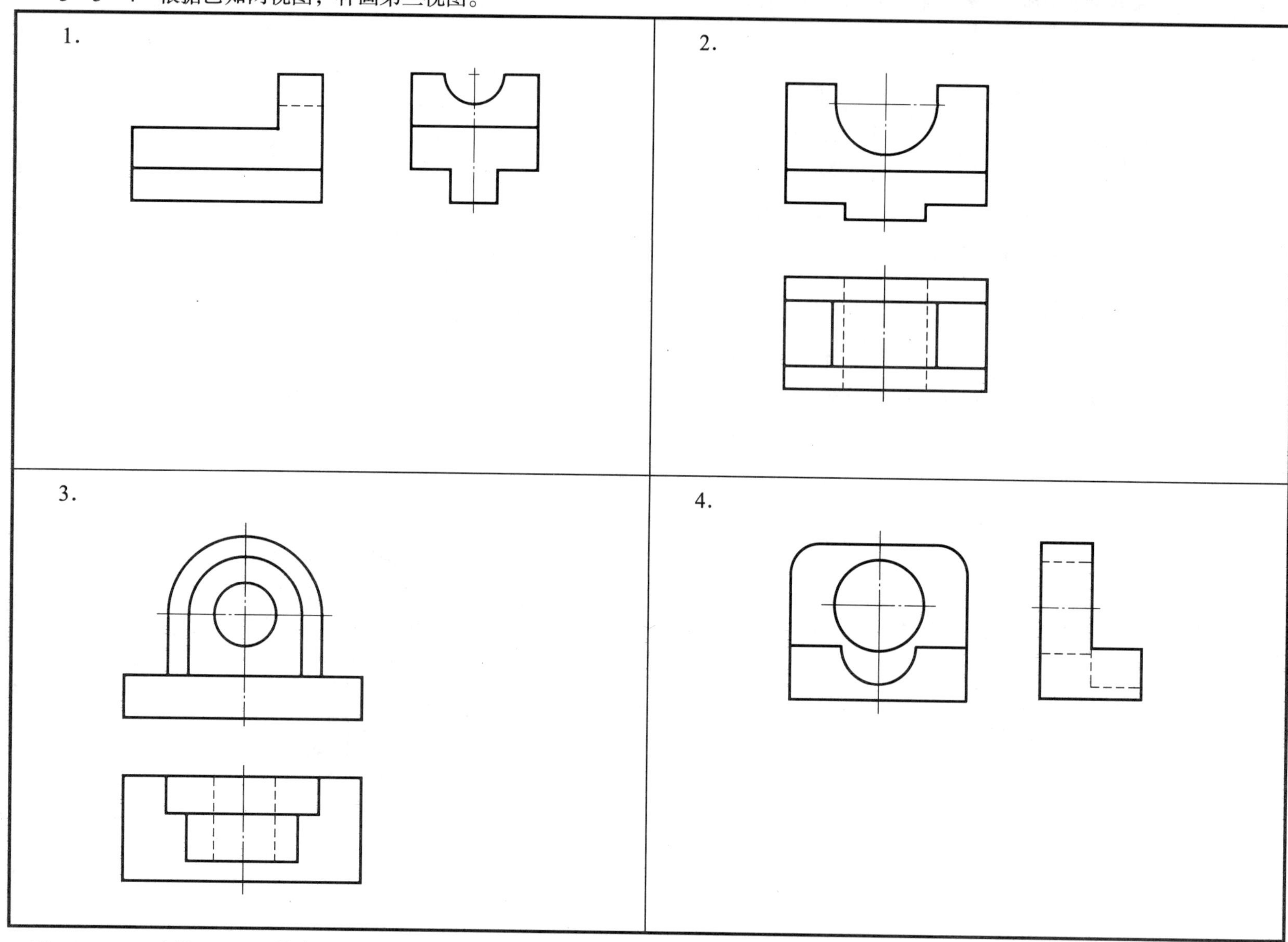

　　班级　　　　姓名　　　　学号

3—3—5 分析已知视图，补画视图中的漏线。

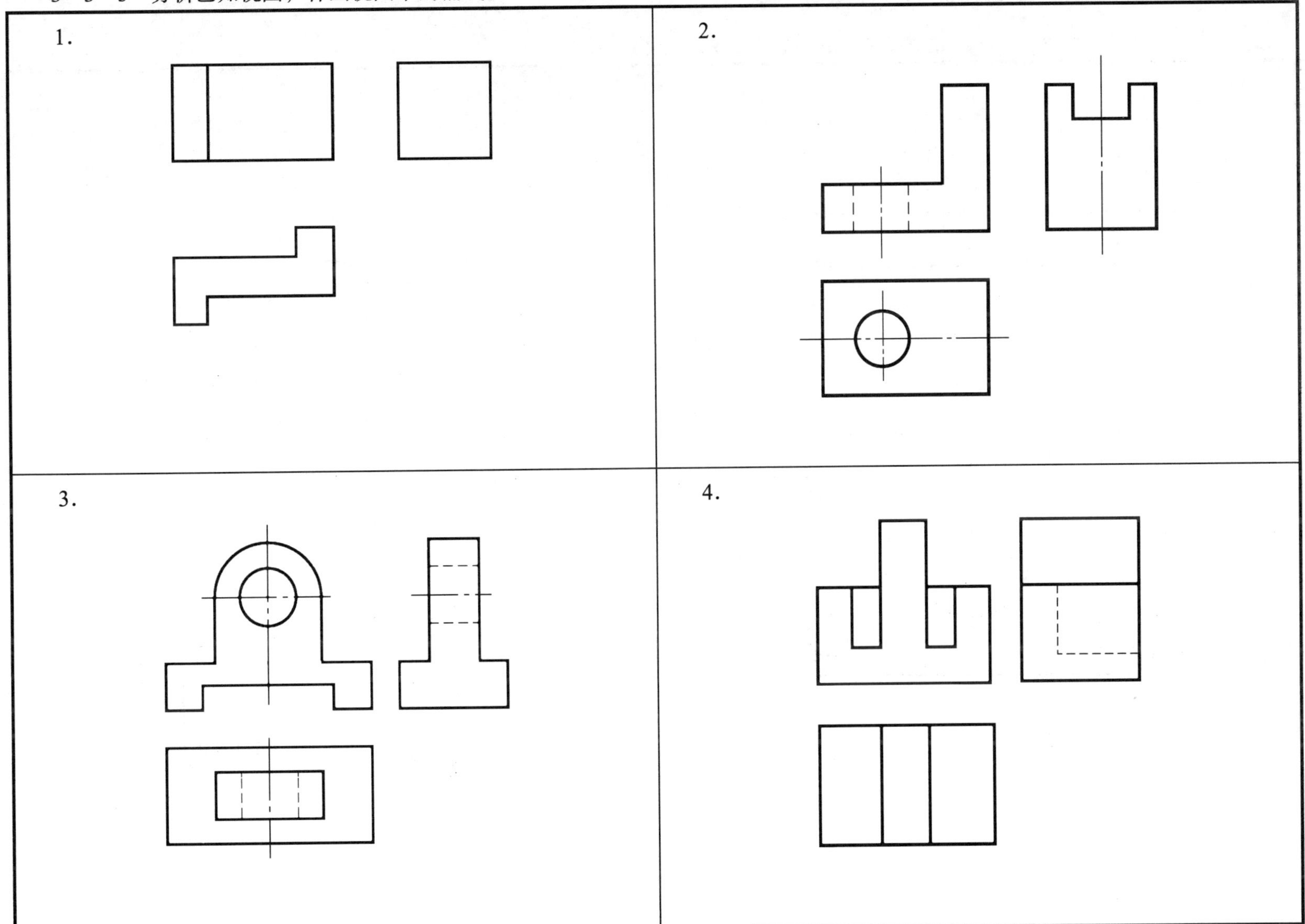

课题四　标注与识读组合体的尺寸

3—4—1　读懂三视图，标注尺寸（尺寸数值从图中量取，取整数）。

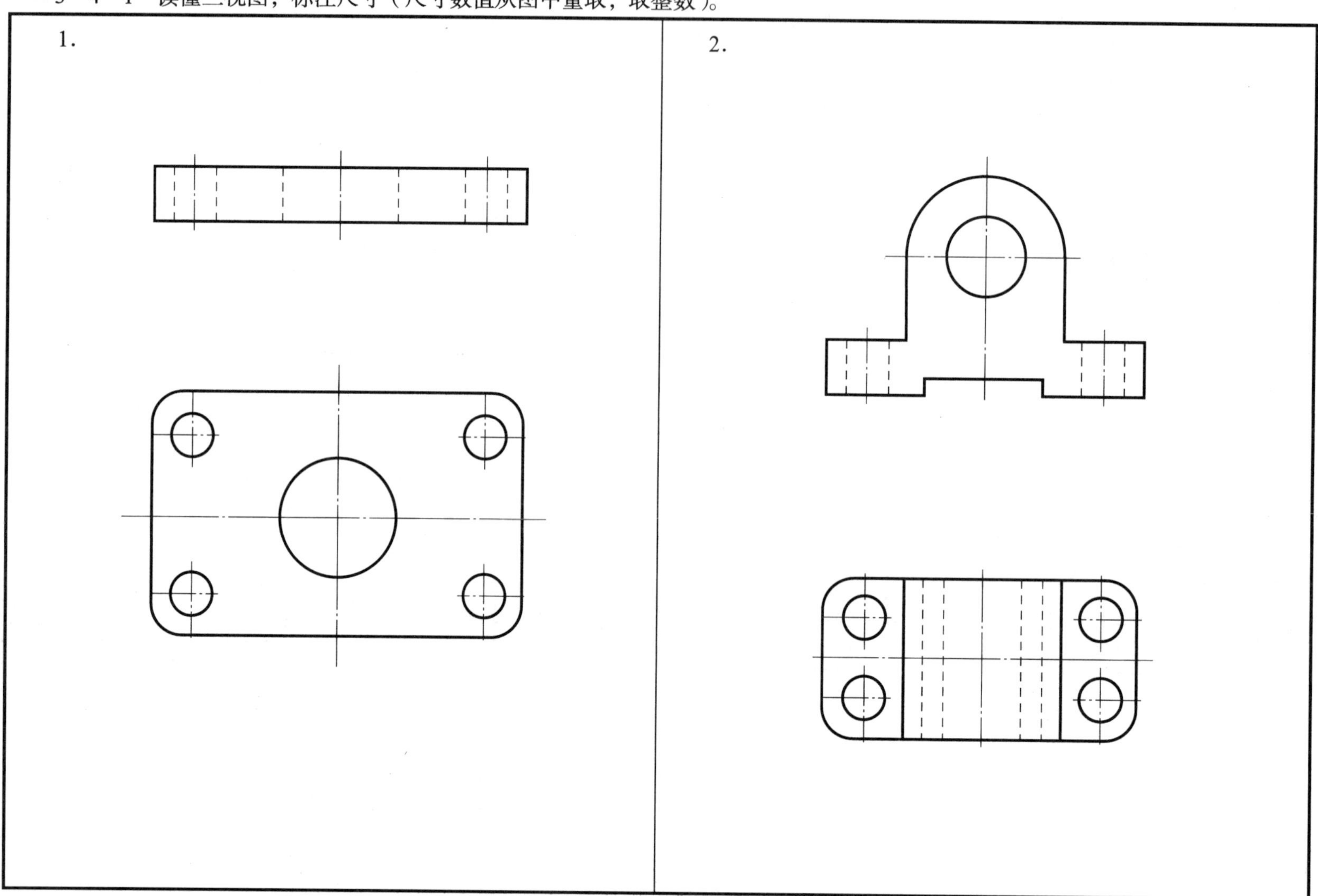

3—4—2 读懂三视图，标注图中漏注的尺寸（尺寸数值从图中量取，取整数）。

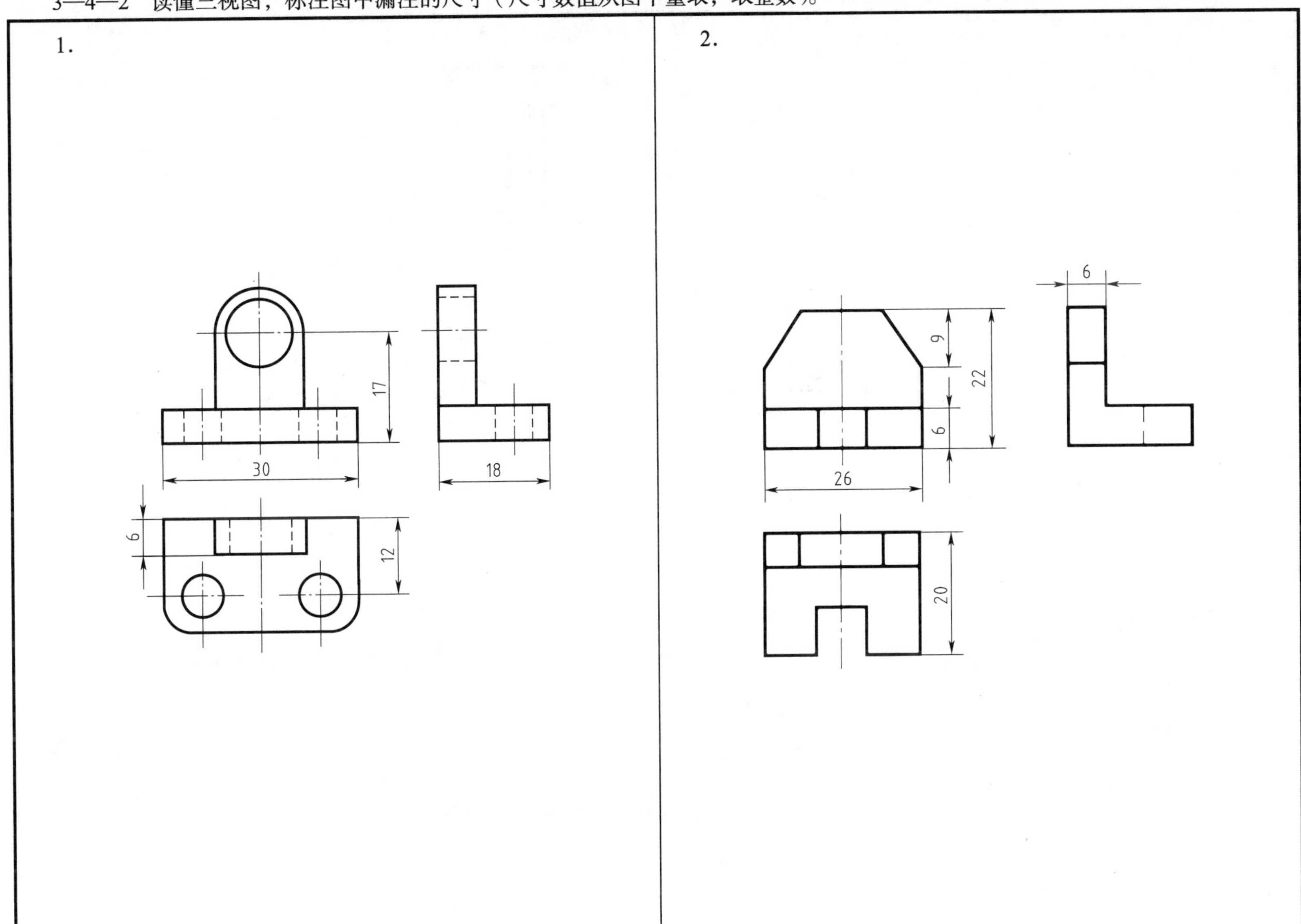

3—4—3 读懂三视图，分析尺寸，并填空。

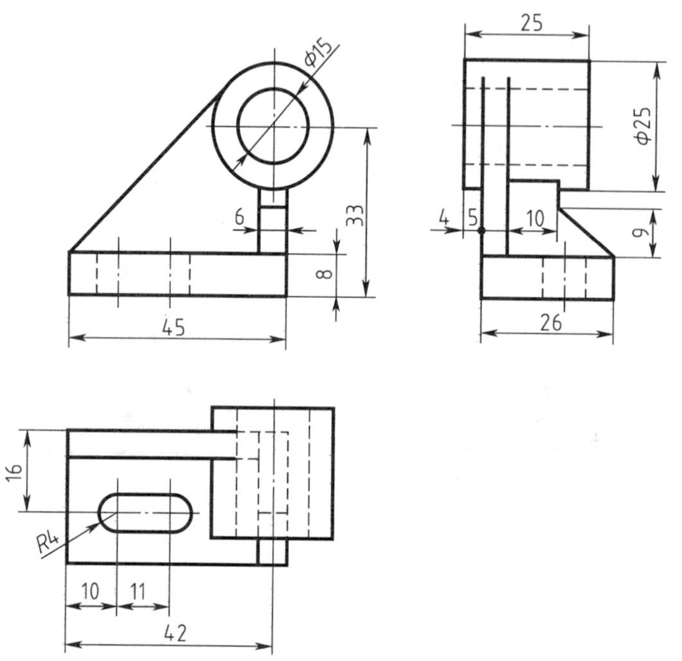

1. 按形体分析的方法，可以把支架分为 ______ 个组成部分。

2. 支架的底面是 ______ 方向的尺寸基准，圆筒上 ϕ15 mm 孔的轴线是 ______ 方向的尺寸基准，后支板和底板的后面是共面的，这个面是 ______ 方向的尺寸基准。

3. 圆筒的定形尺寸为 ______、______ 和 ______；高度方向的定位尺寸是 ______，宽度方向的定位尺寸是 ______，长度方向的定位尺寸是 ______。

4. 底板外形的定形尺寸为 ______、______ 和 ______；底板上长圆孔的定形尺寸是 _______ 和 _______，定位尺寸是 _______ 和 _______。

 班级 姓名 学号

* 单元四　认知机件的表达方法

课题一　认知视图

4—1—1　在括号内填写各基本视图的名称。

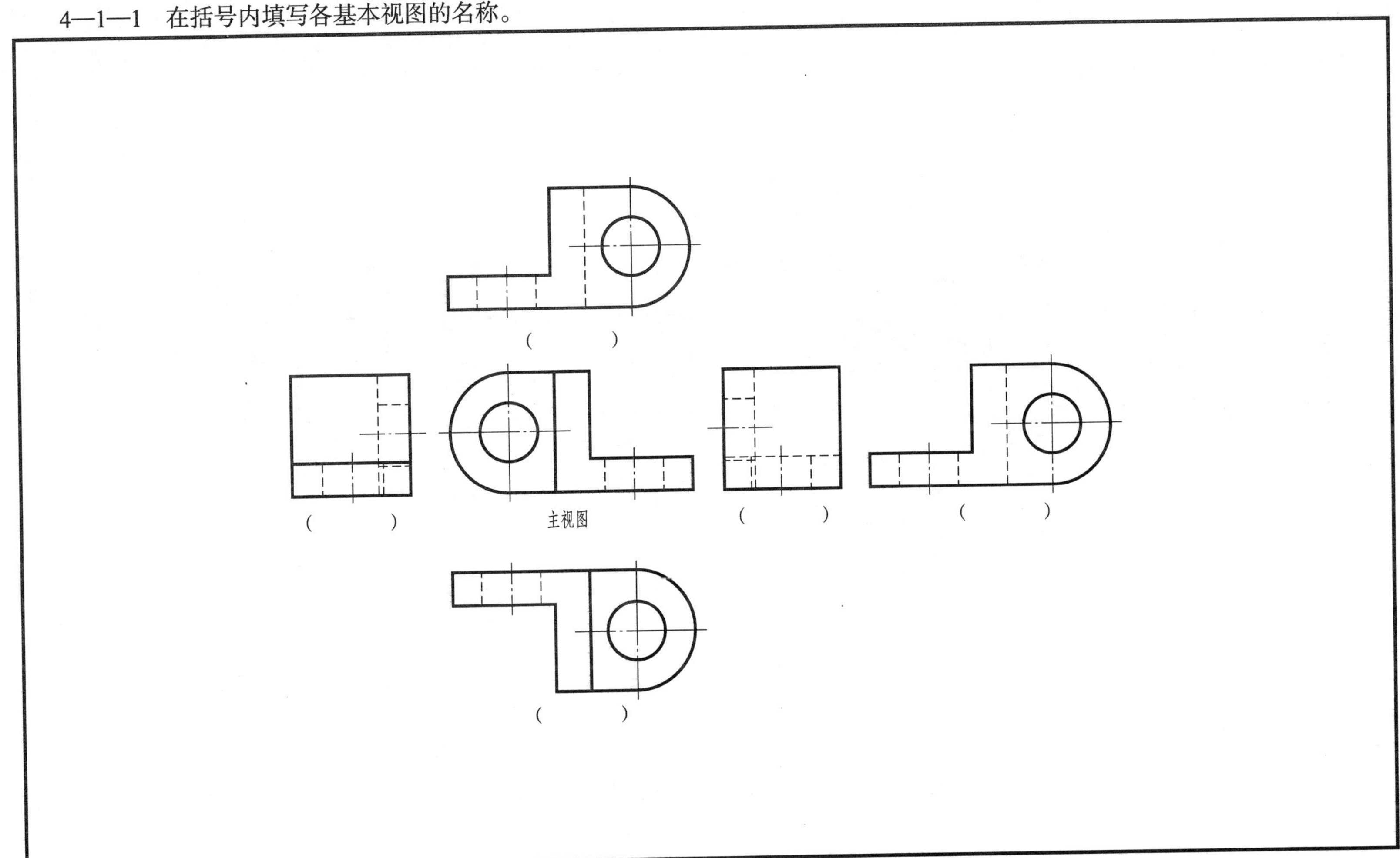

4—1—2　根据已知视图，选择正确的左、右视图，将正确答案写在图下的横线上。

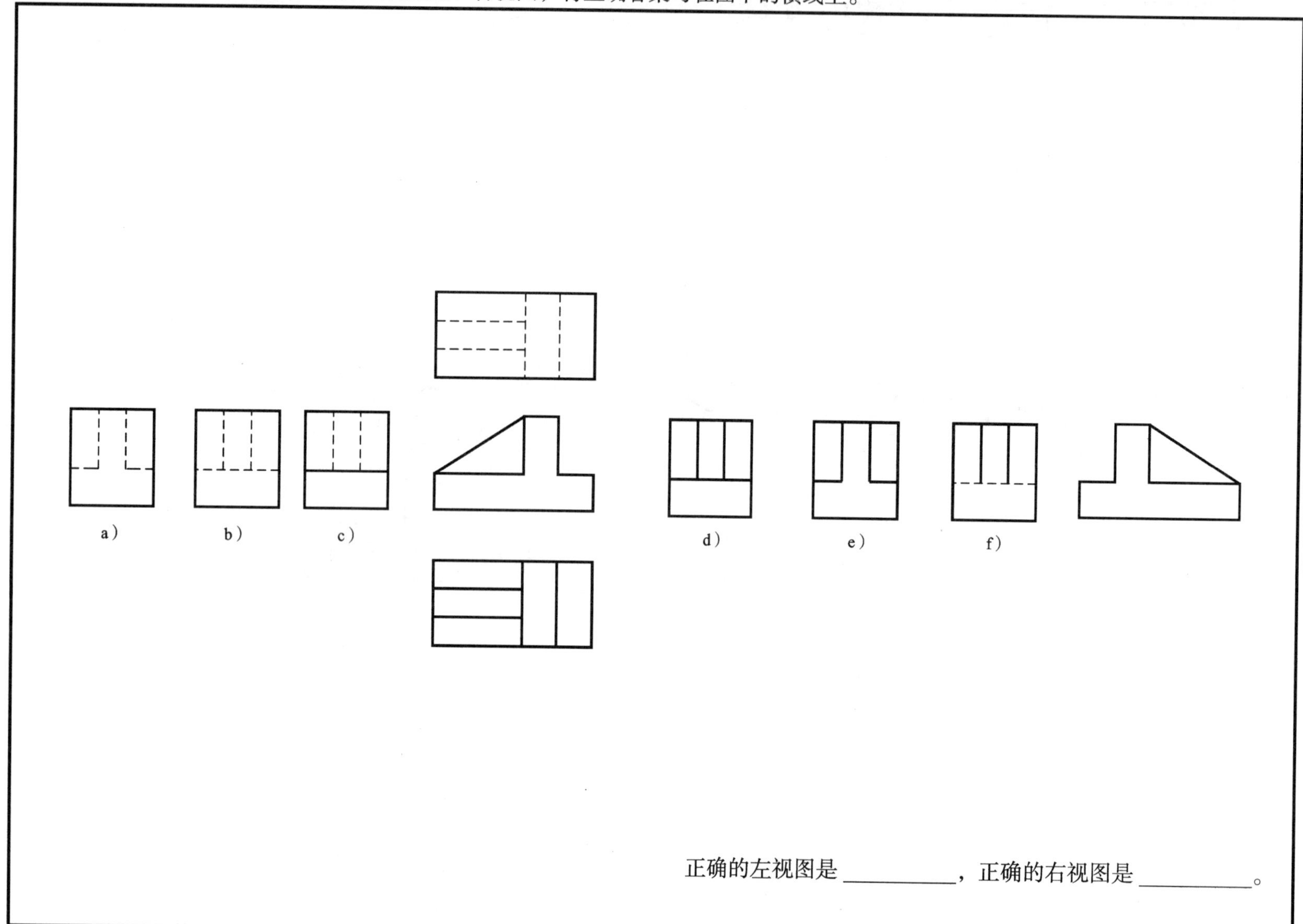

正确的左视图是 ________，正确的右视图是 ________。

4—1—3　根据已知的主、左视图，选择正确的向视图，在视图的上方写出相应的字母。

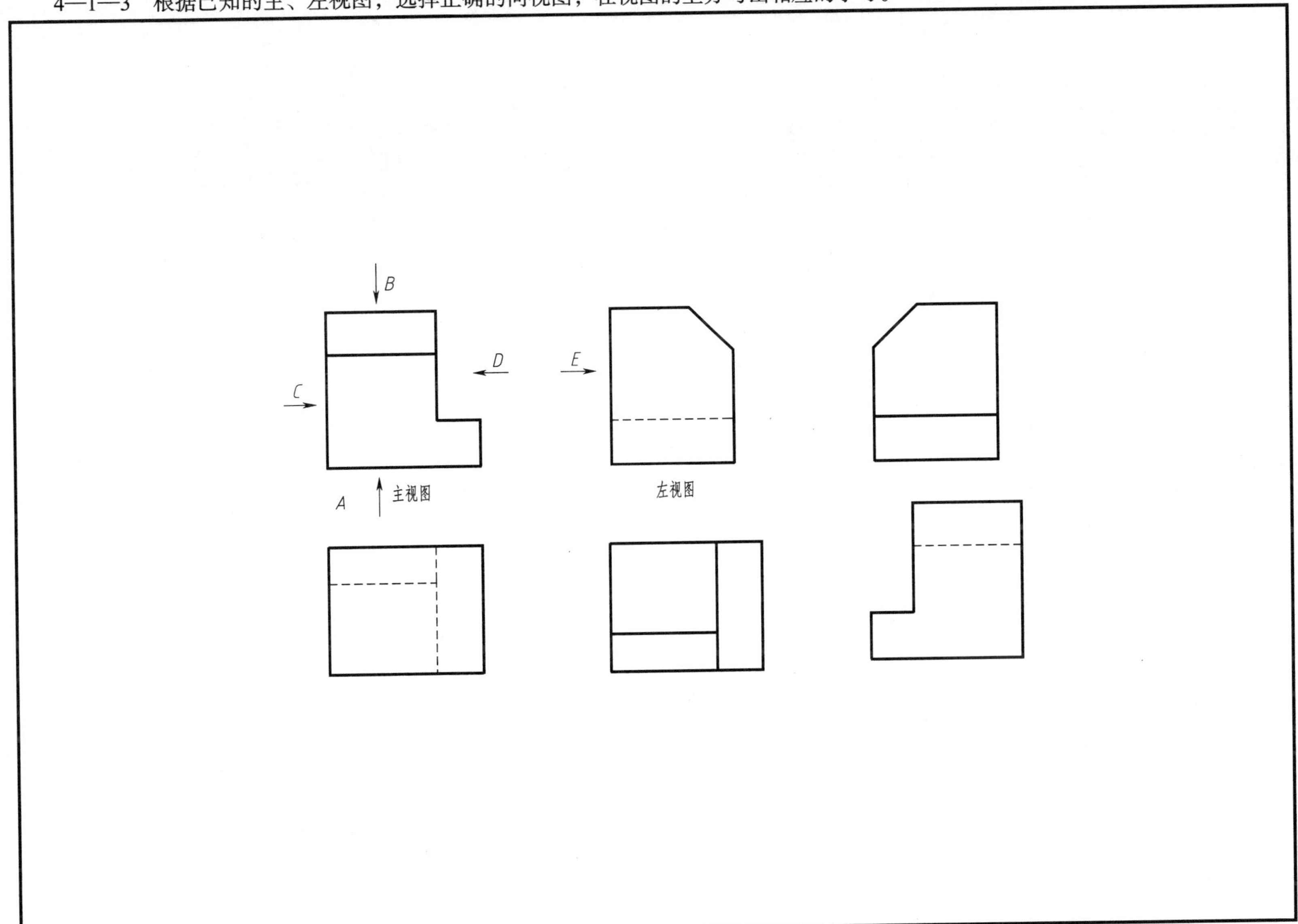

4—1—4　看懂三视图，画出右视图和 *A*、*B* 向视图。

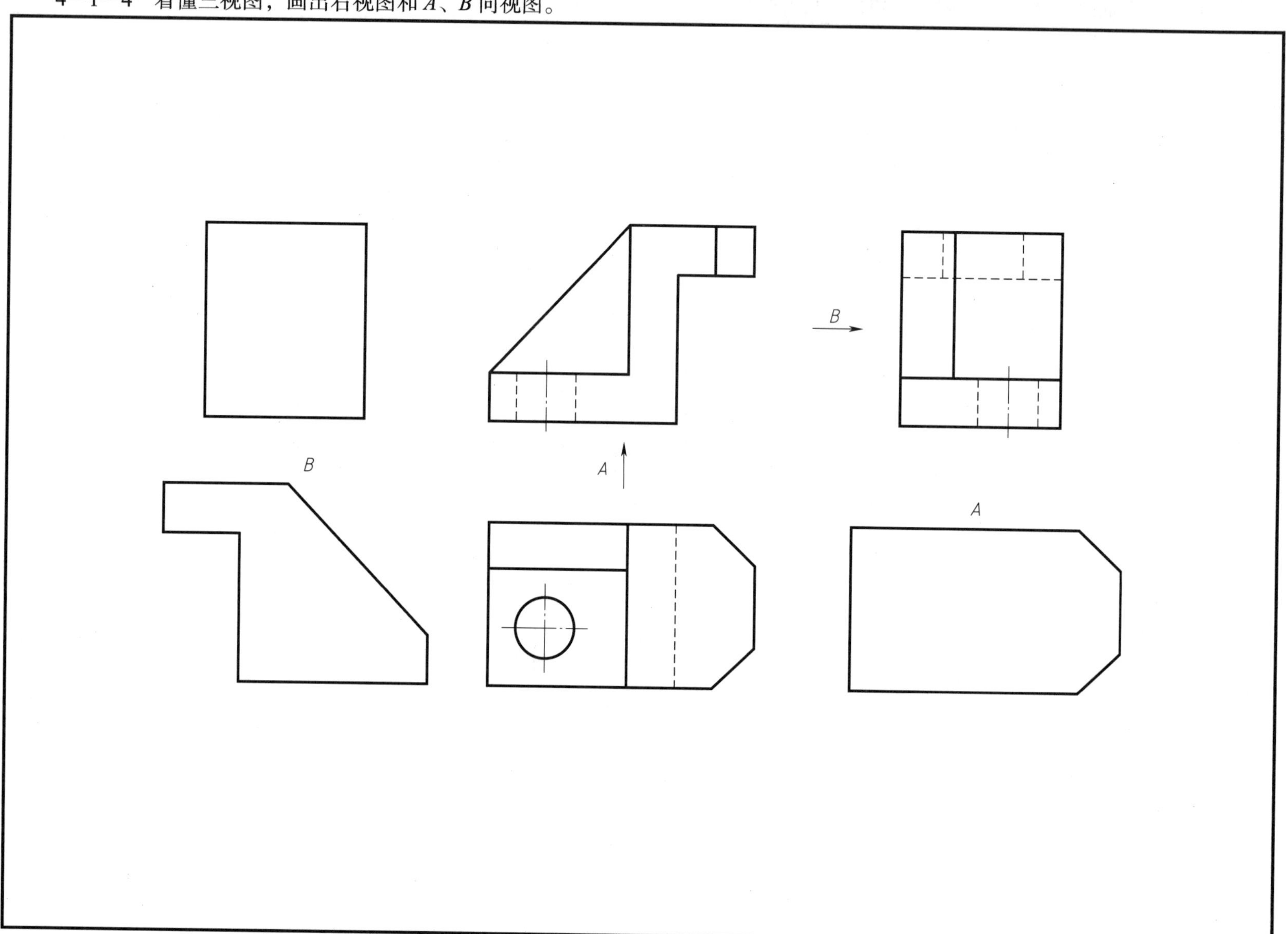

　　班级　　姓名　　学号

4—1—5　根据已知视图，选择正确的向视图，将正确答案写在图下的横线上。

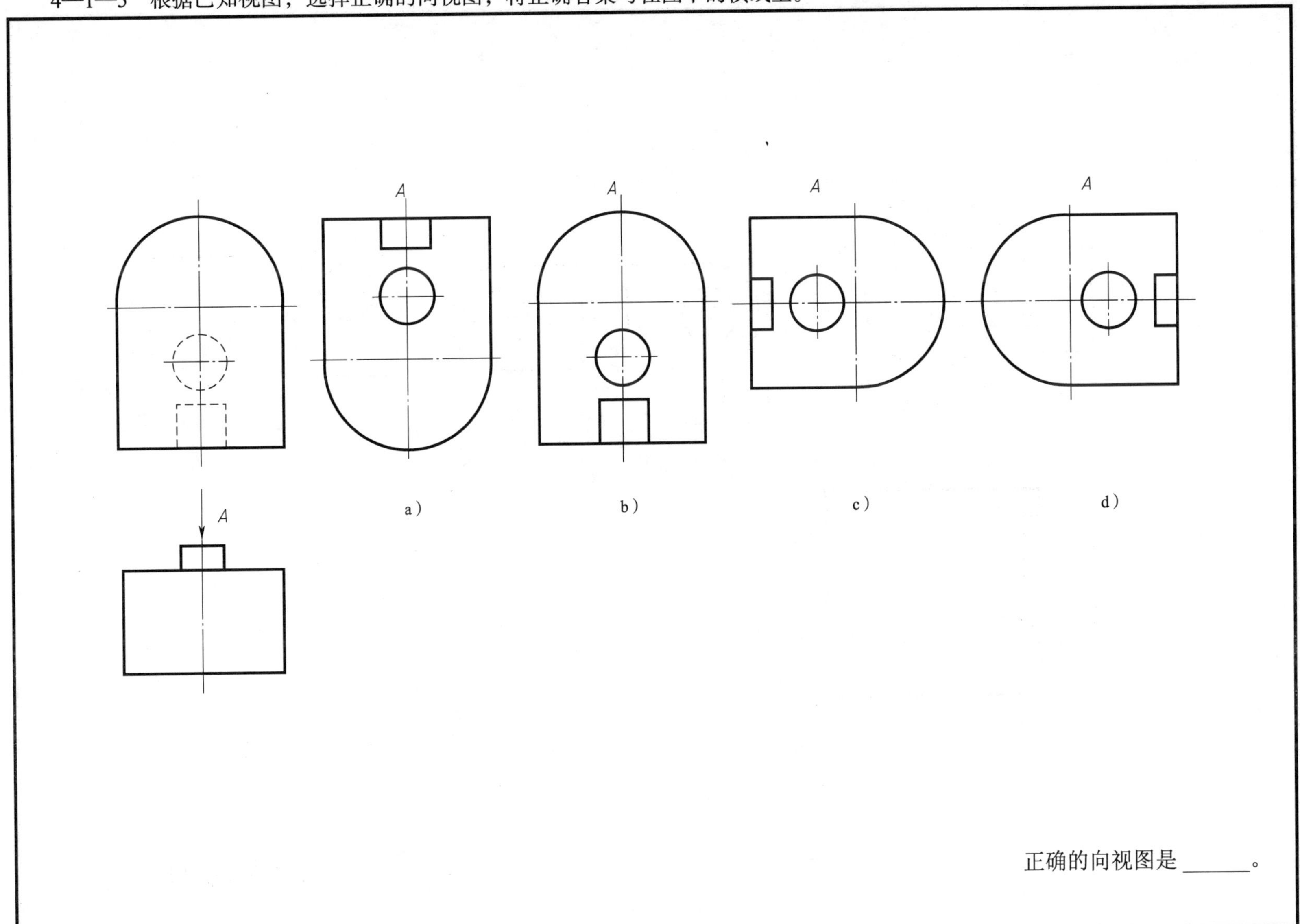

正确的向视图是 ______。

4—1—6　根据已知视图，选择正确的局部视图，将正确答案写在图下的横线上。

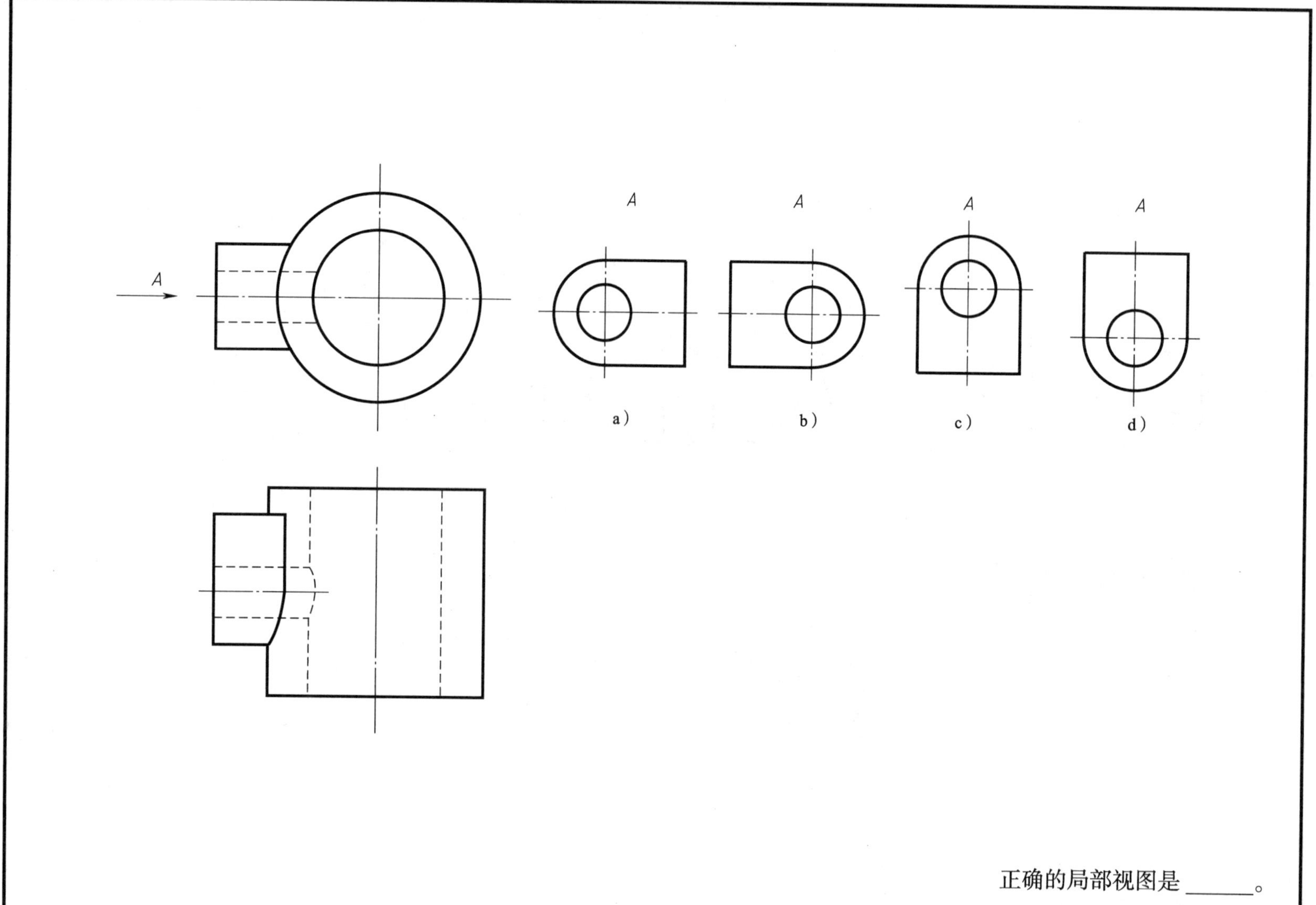

正确的局部视图是 ______。

班级　　　姓名　　　学号

4—1—7 根据已知视图，选择正确的斜视图，将正确答案写在题号后的（ ）内。

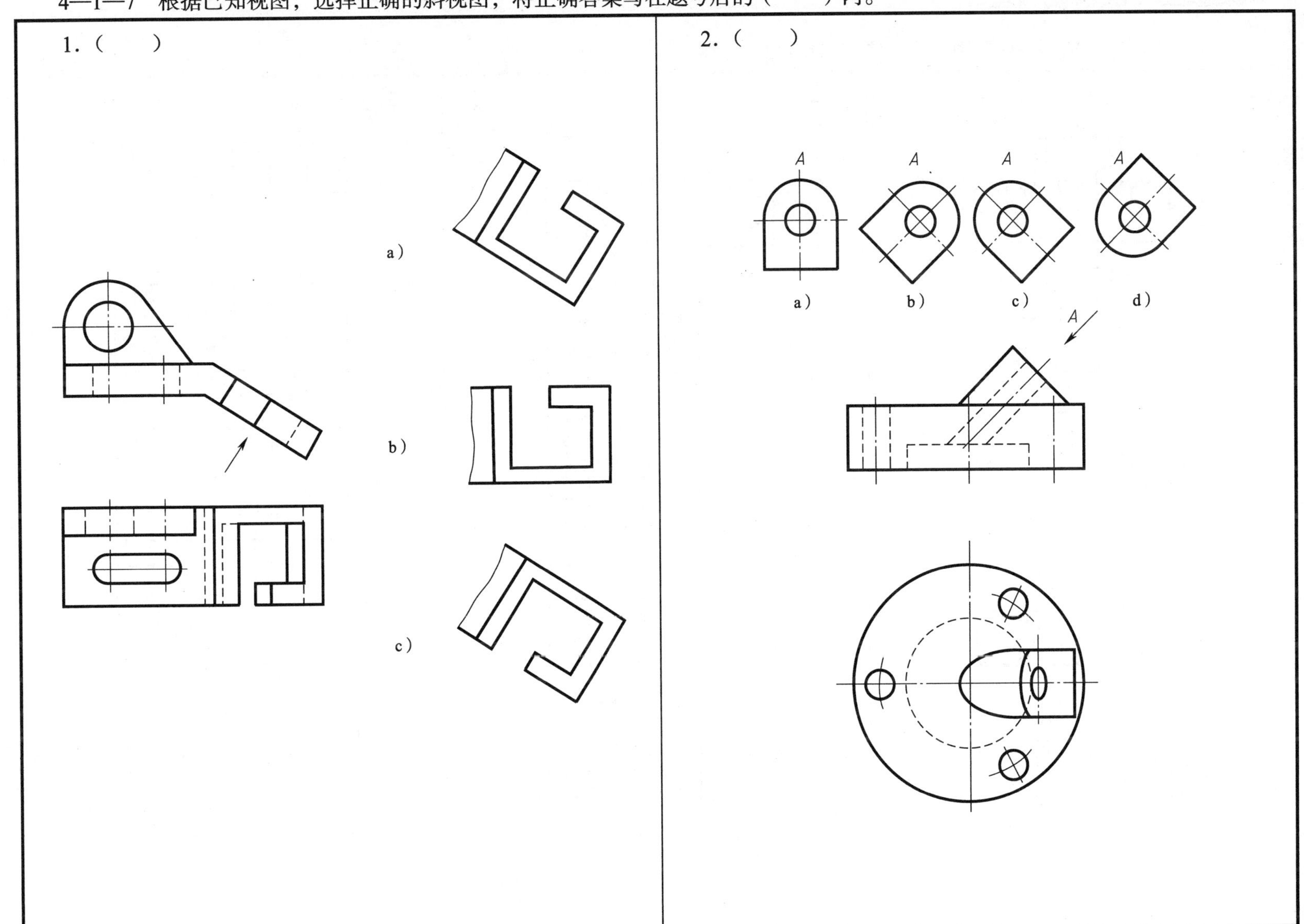

课题二　识读剖视图

4—2—1　选择正确的全剖视图，将正确答案写在题号后的（　　）内。

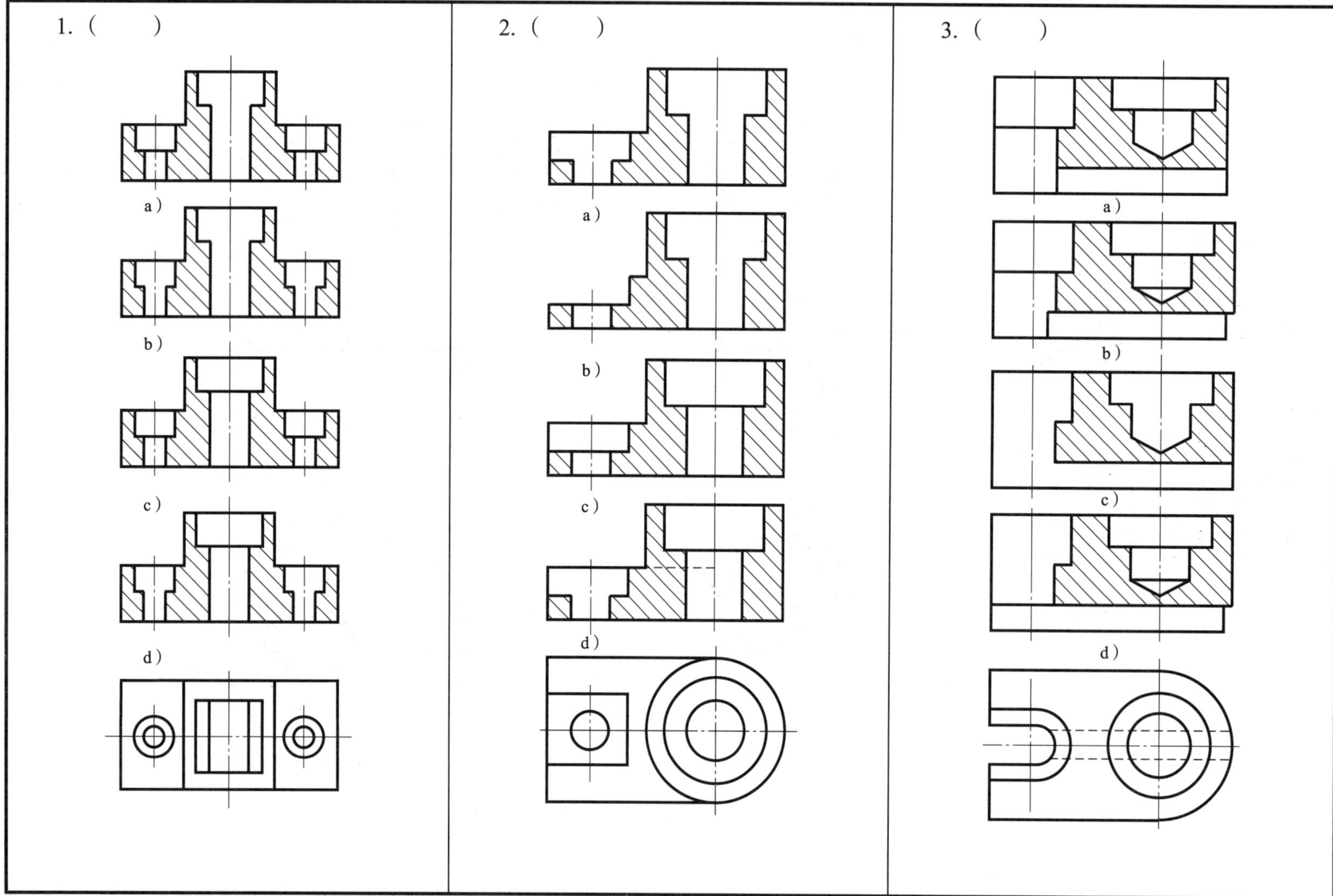

　　班级　　姓名　　学号

4—2—2　补画下列各全剖视图中的漏线（一）。

1.

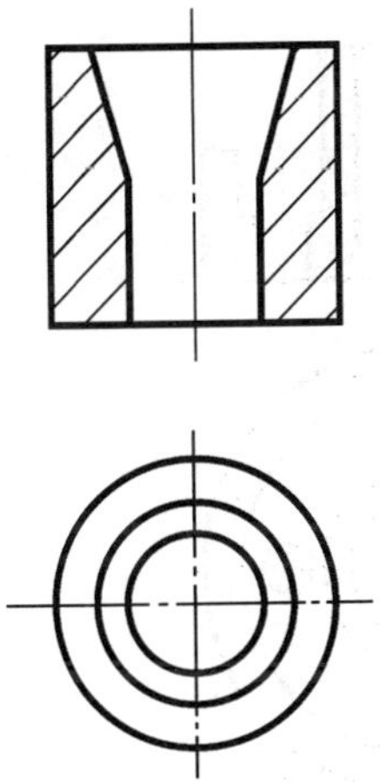

2.

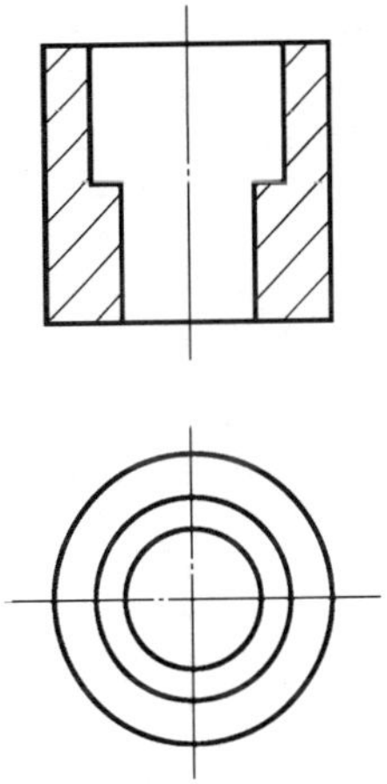

3.

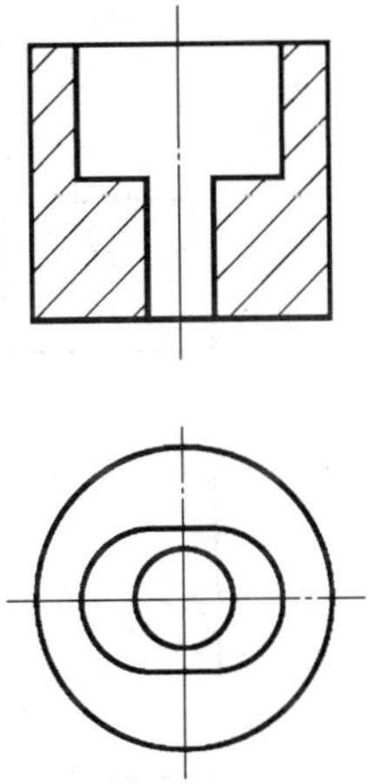

4.

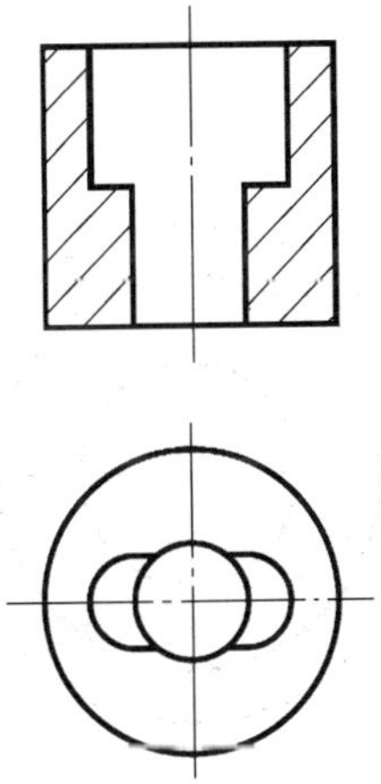

5.

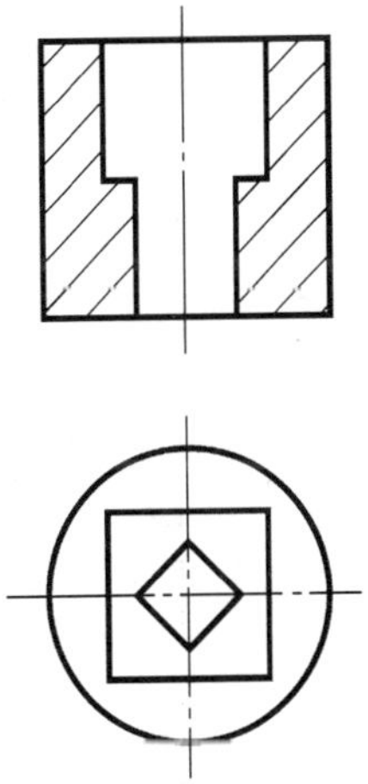

6.

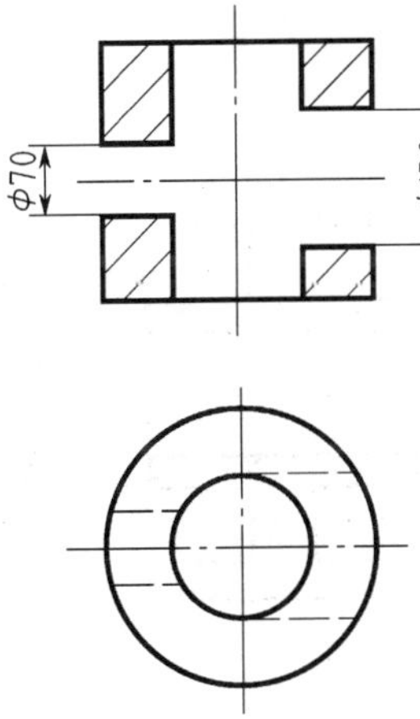

4—2—3 补画下列各全剖视图中的漏线（二）。

1.

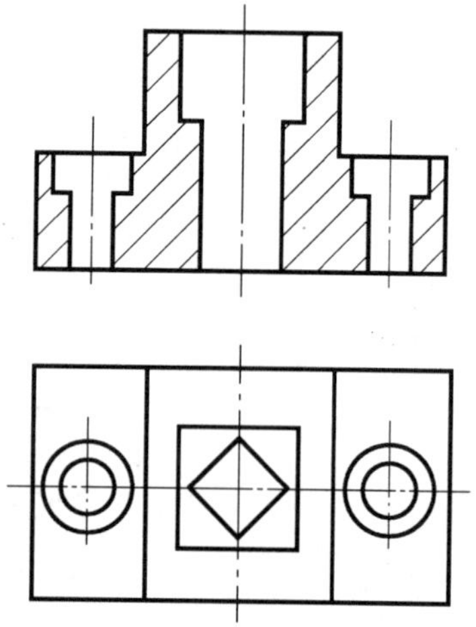

2.

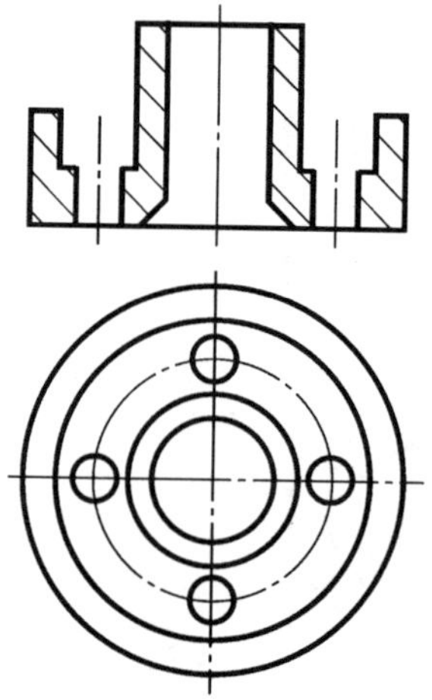

3.

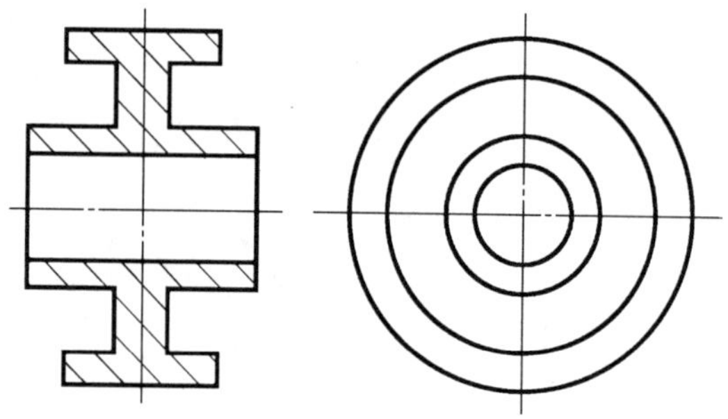

4.

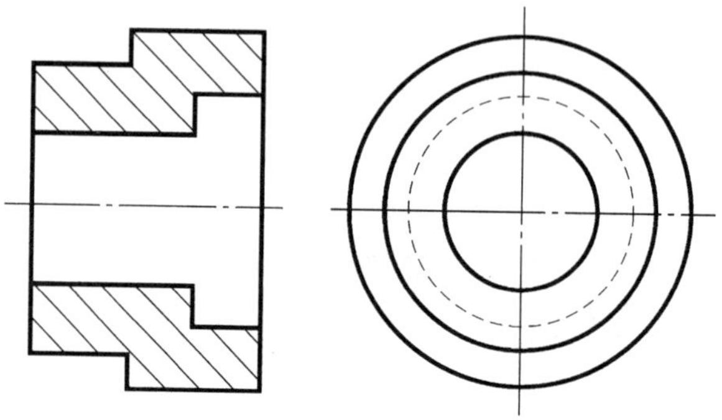

班级 姓名 学号

4—2—4 在指定位置将主视图画成全剖视图。

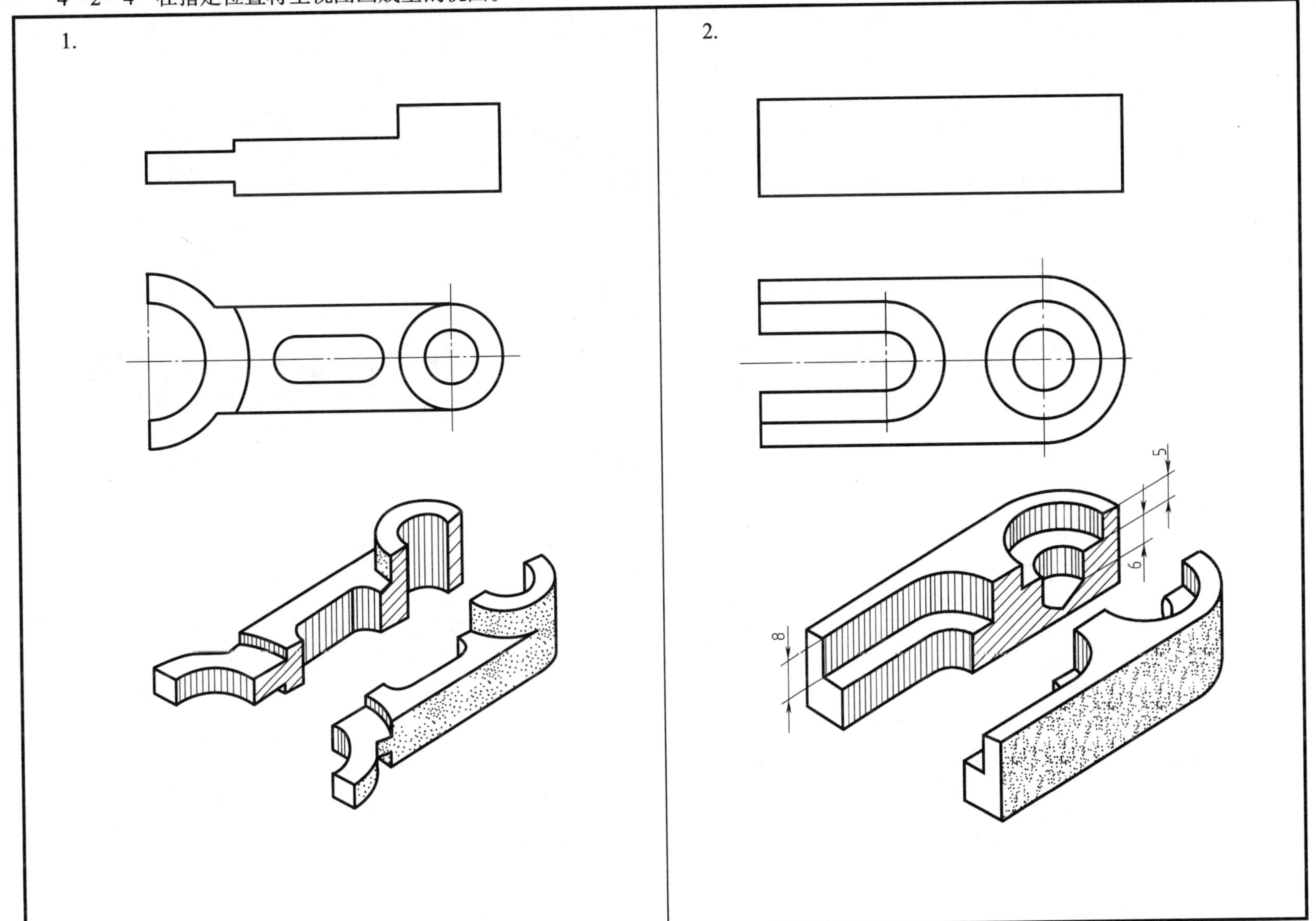

4—2—5　选择正确的半剖视图，将正确答案填在题号后的（　　）内。

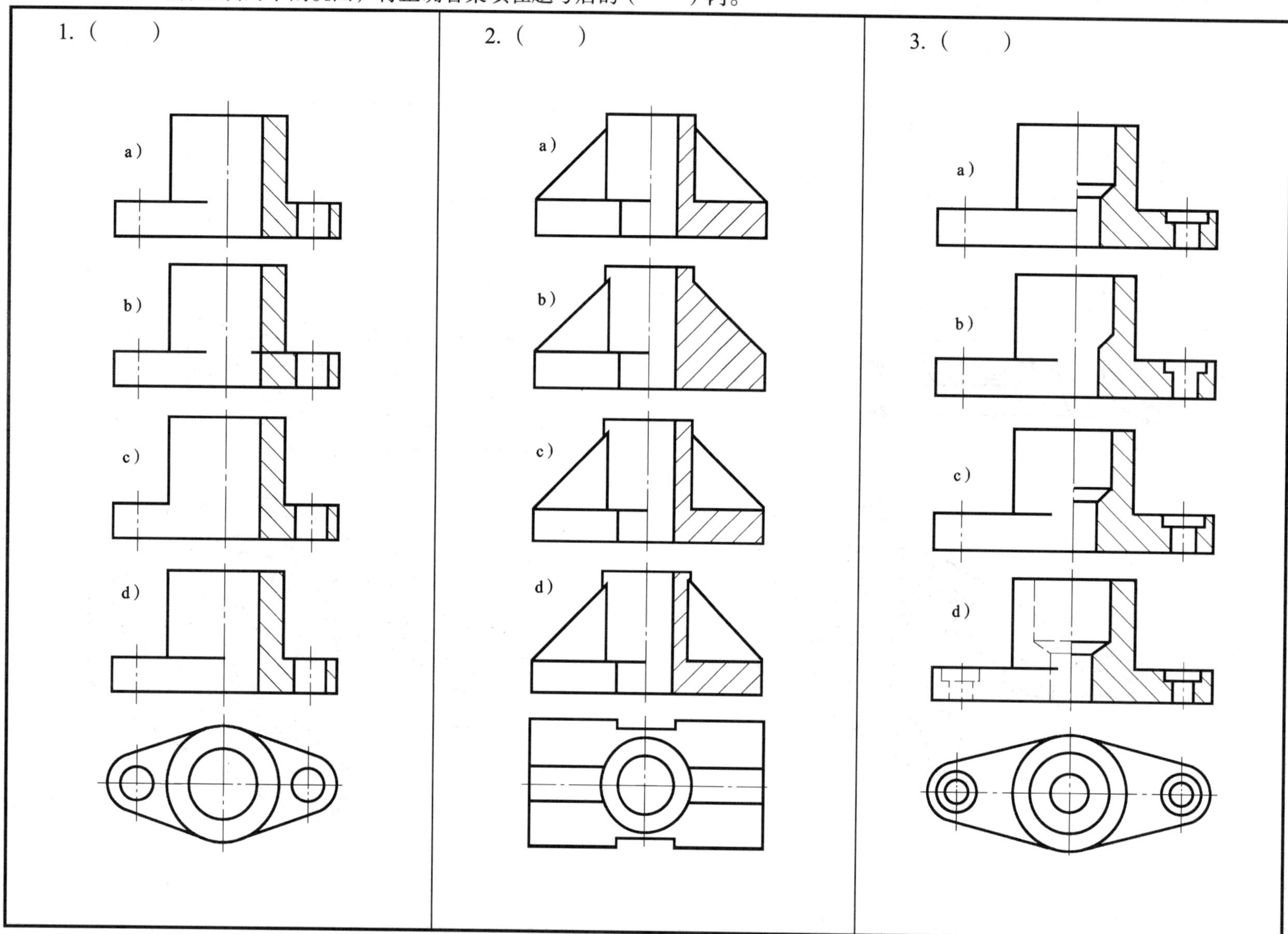

班级　　　　姓名　　　　学号

4—2—6　补画半剖视图中的漏线。

1.

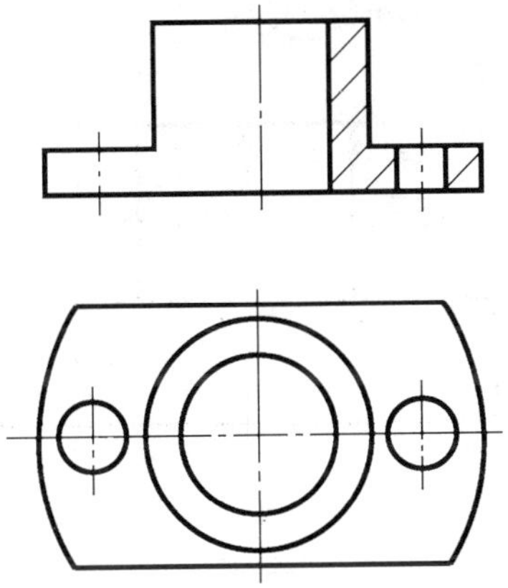

2.

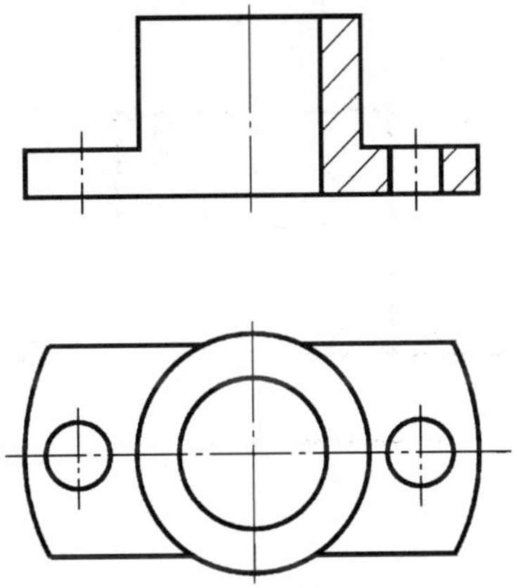

3.

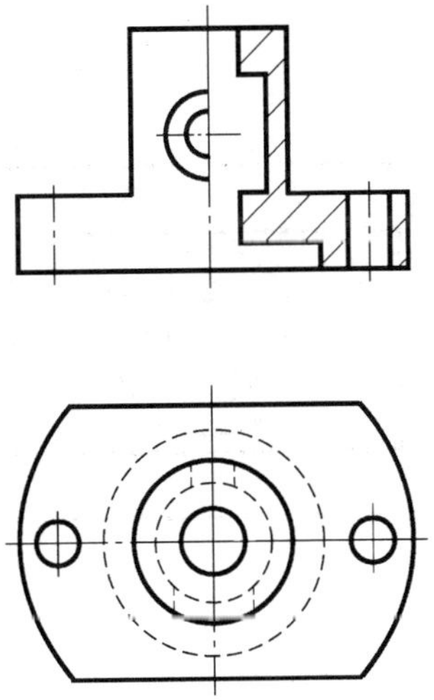

4.

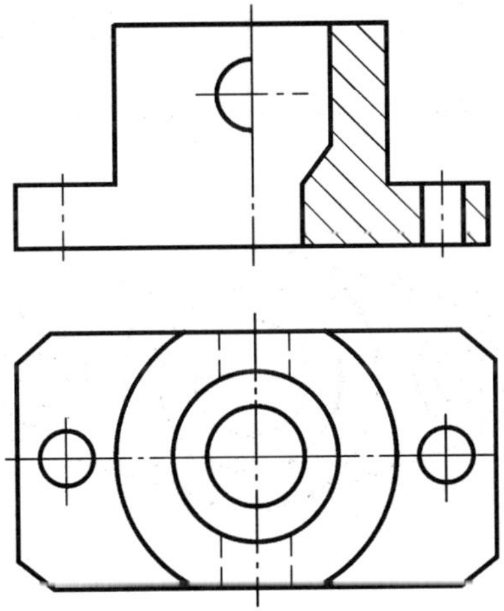

4—2—7　在指定位置将主视图画成半剖视图。

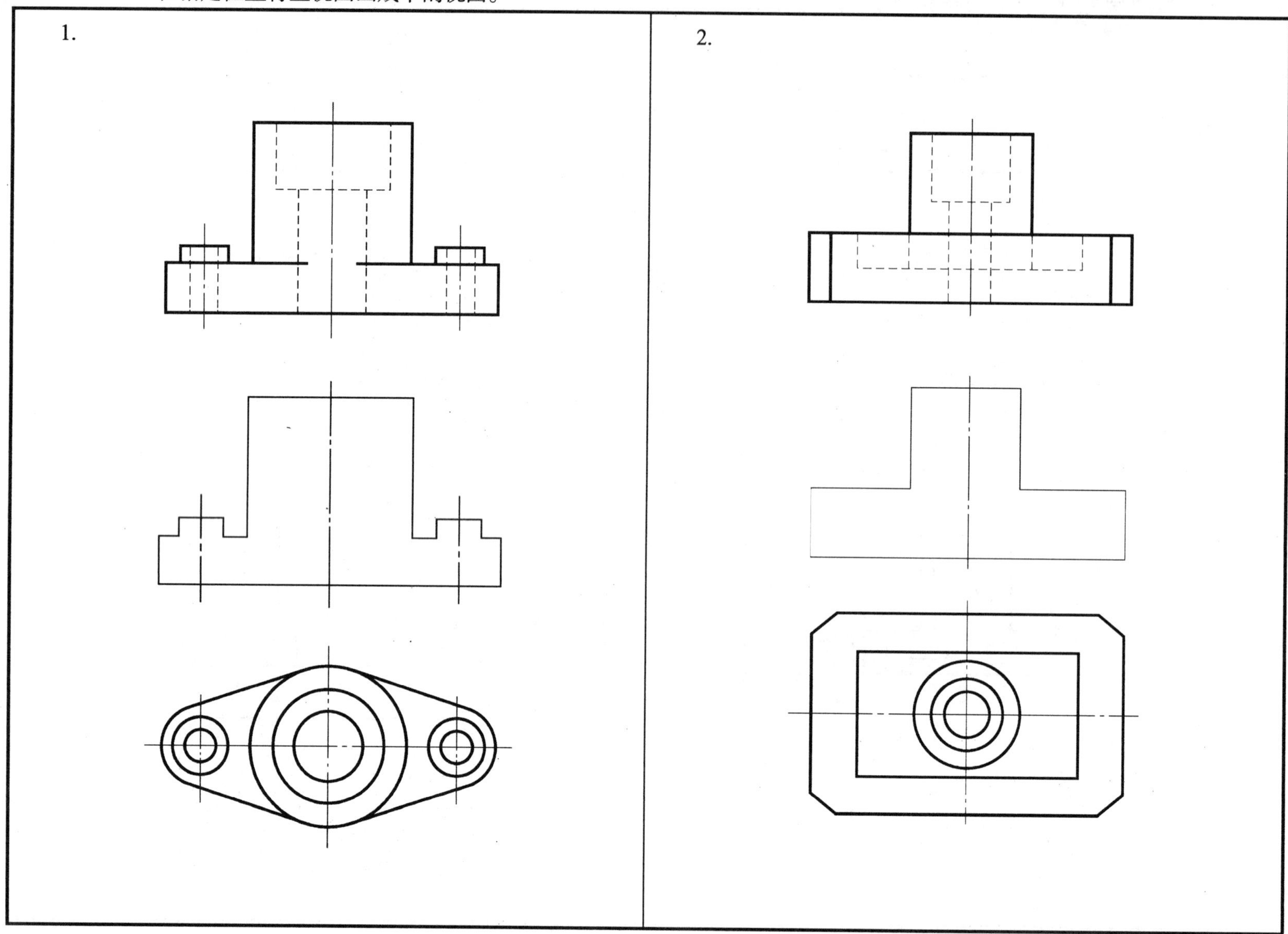

　　班级　　　姓名　　　学号

4—2—8 选择正确的局部剖视图，将正确答案填在题号后的（ ）内。

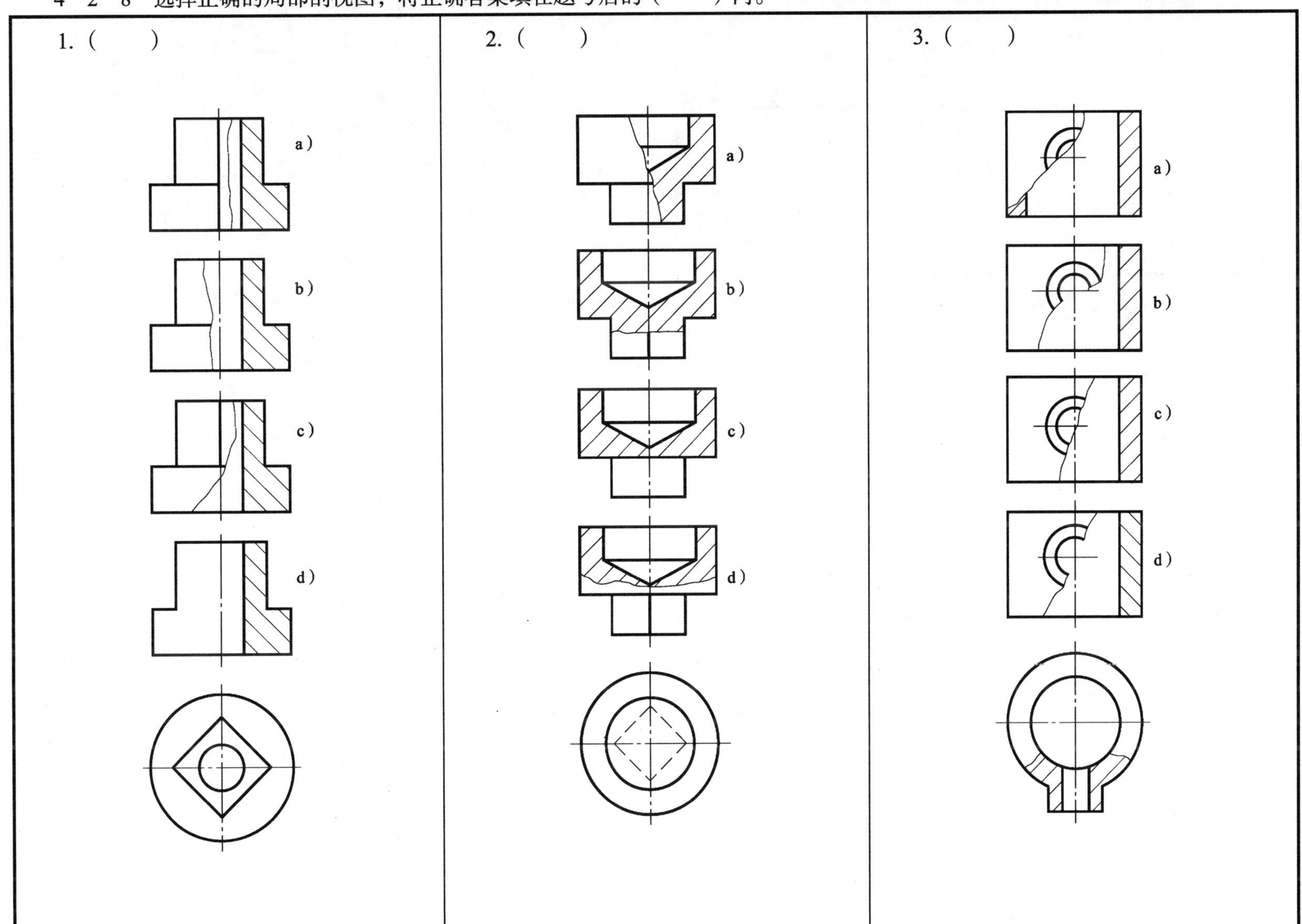

4—2—9　在原图上将视图画成局部剖视图。

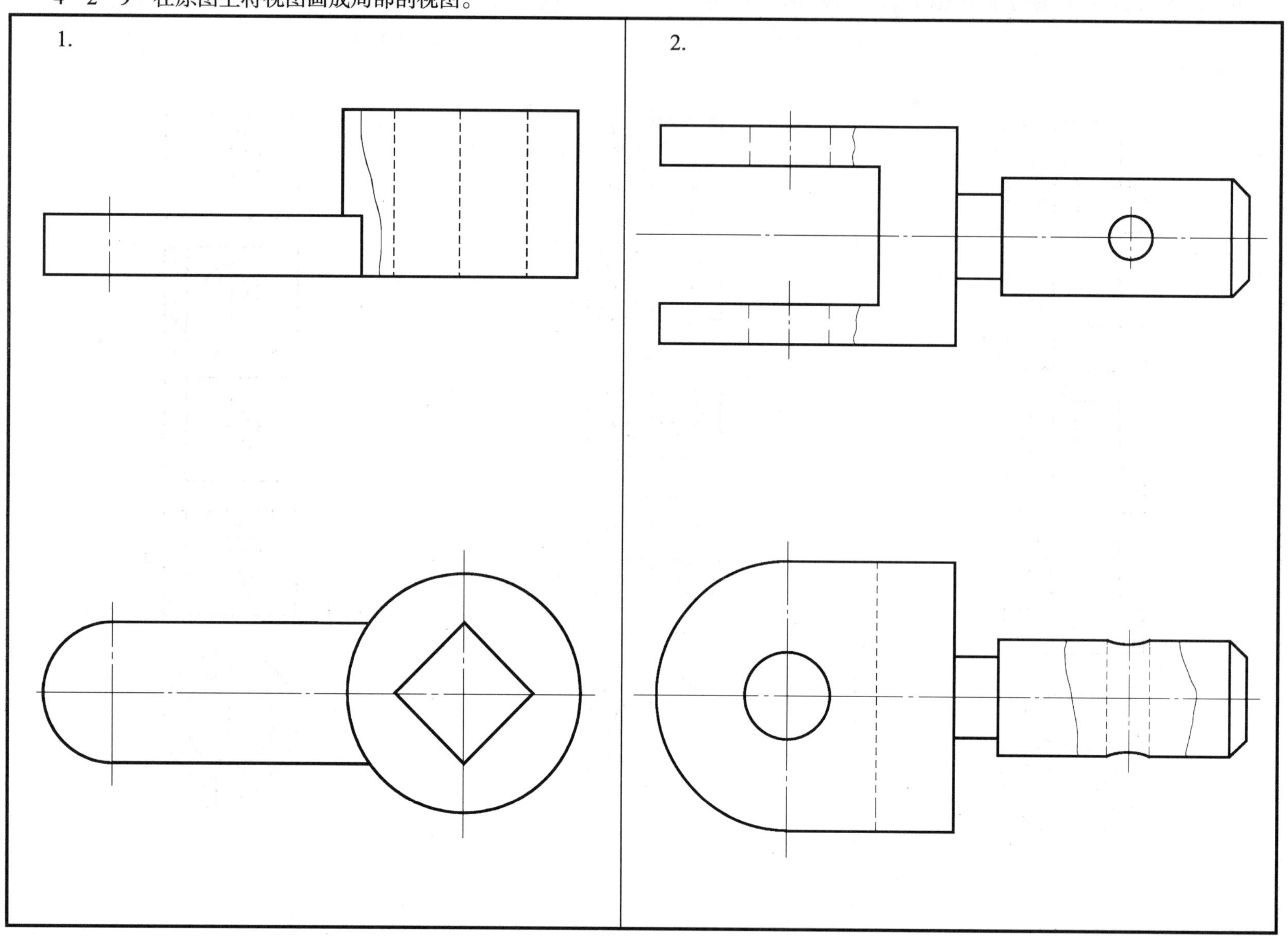

　　班级　　　姓名　　　学号

4—2—10 在指定位置作出剖视图。

1. 在指定位置作出 *A*—*A* 和 *B*—*B* 剖视图。

2. 在指定位置作出 *A*—*A* 剖视图。

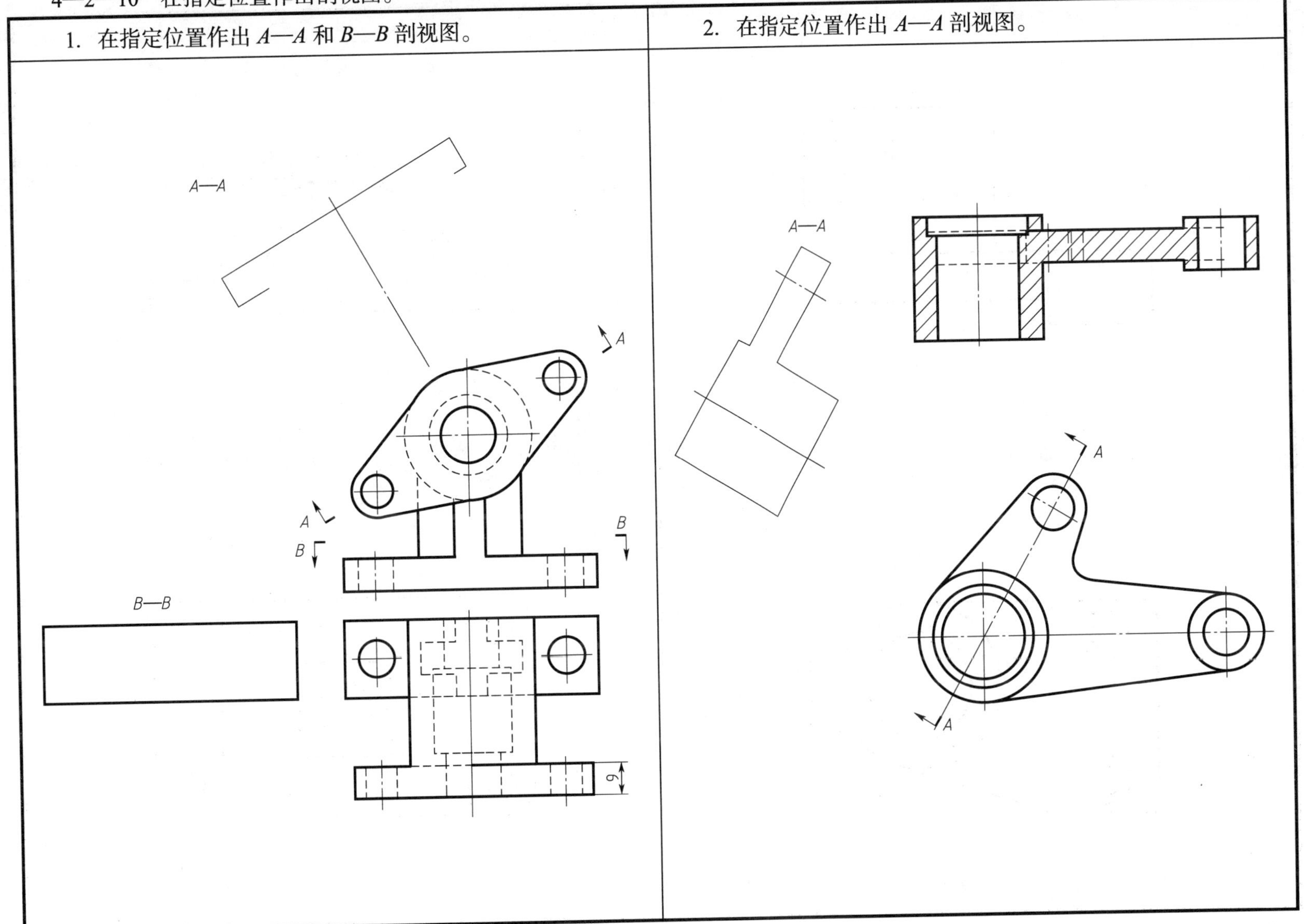

4—2—11　在指定位置将主视图画成全剖视图。

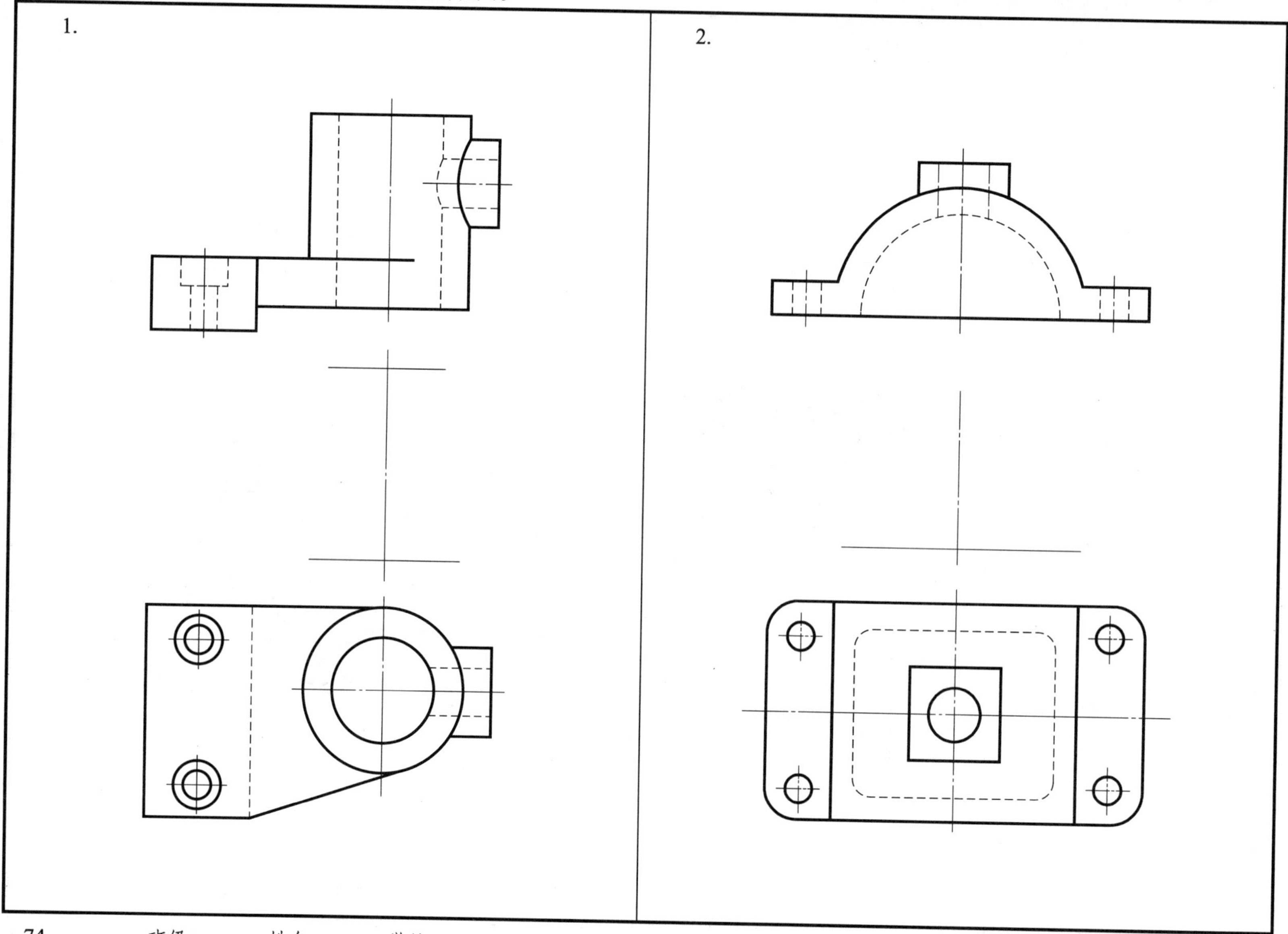

班级　　　　姓名　　　　学号

4—2—12 用相交的剖切面在指定位置将主视图画成全剖视图。

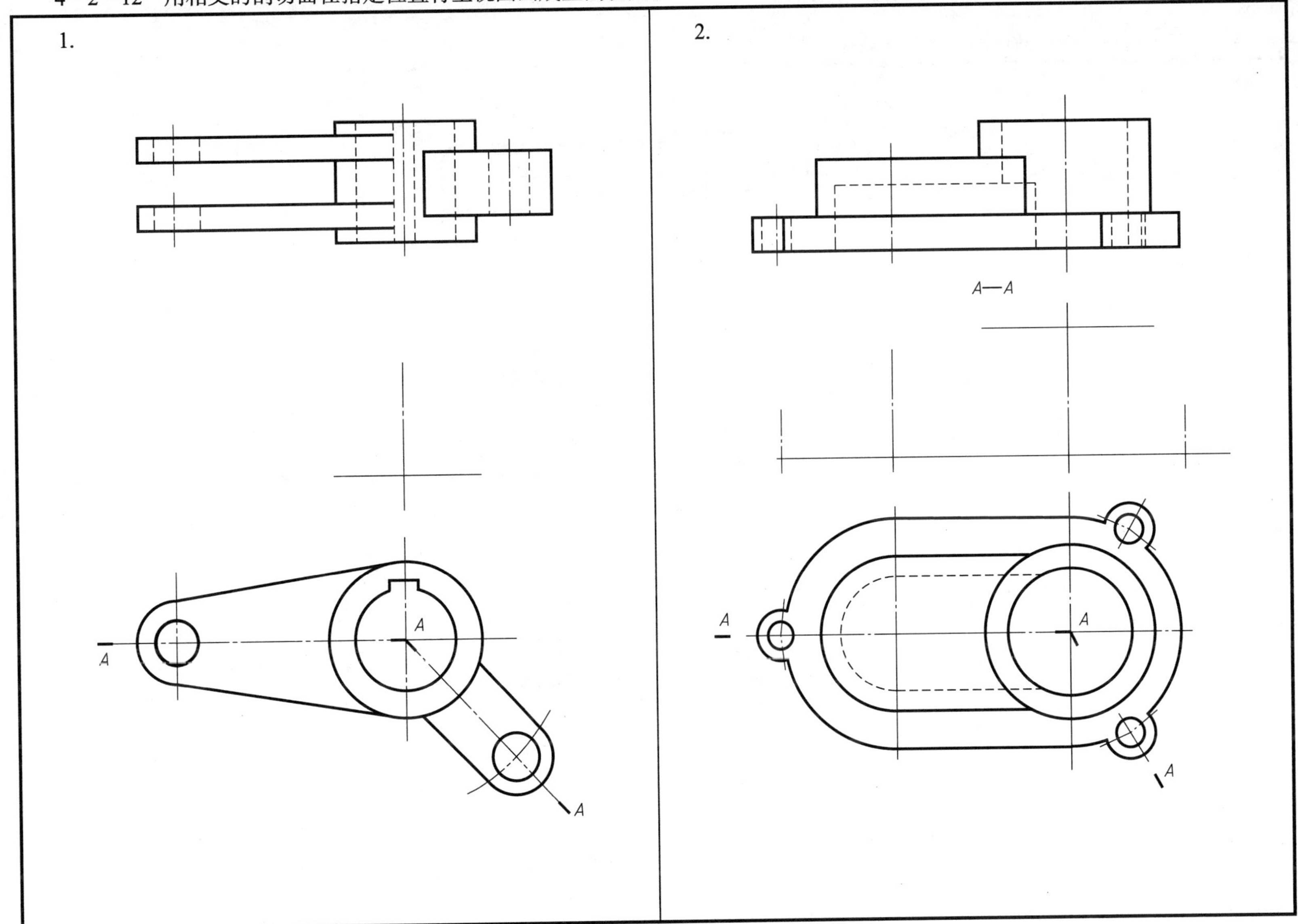

课题三　识读机件的其他表达方法

4—3—1　选择正确的断面图，将答案填在图下的（　　）内。

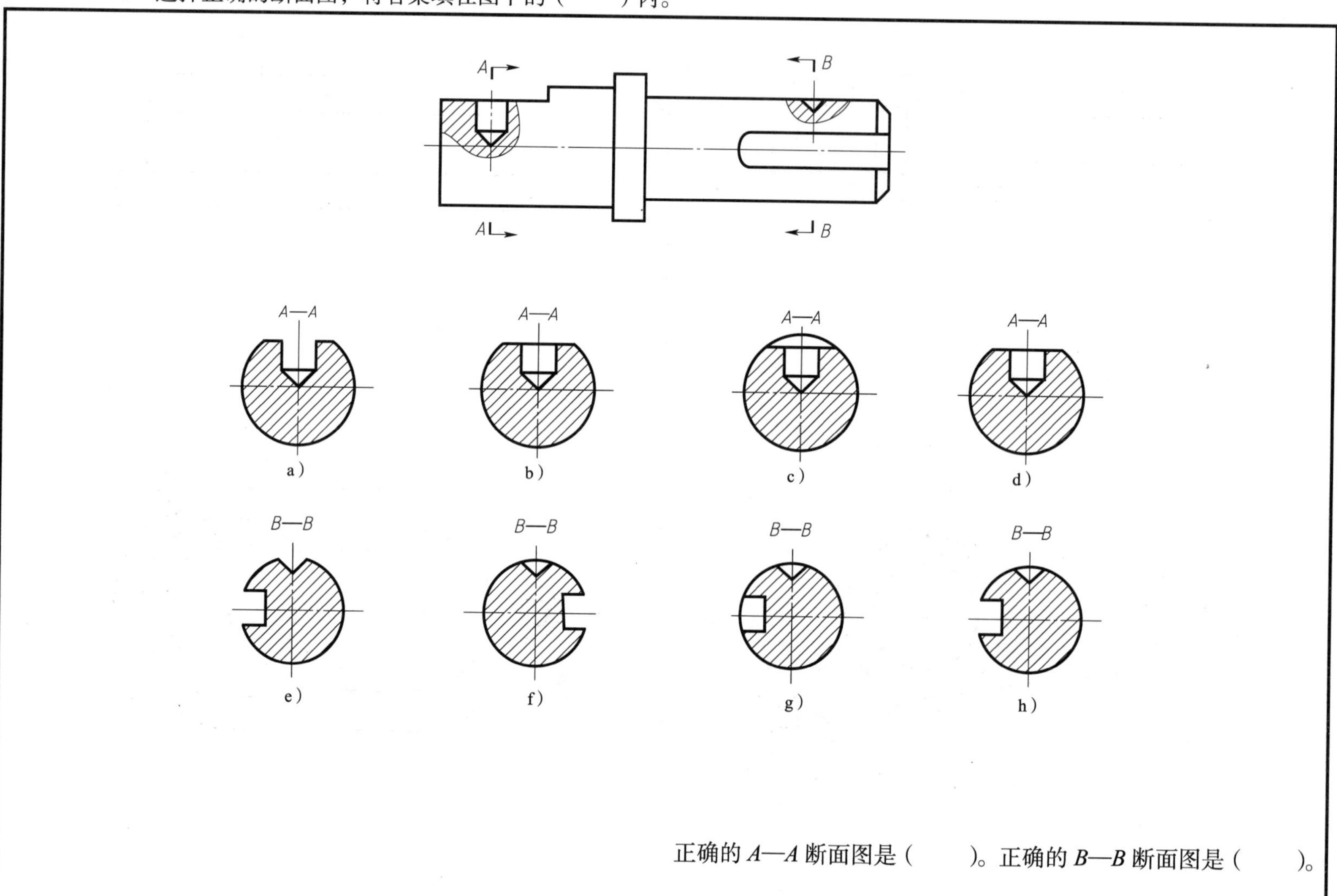

正确的 *A—A* 断面图是（　　）。正确的 *B—B* 断面图是（　　）。

4—3—2　选择正确的重合断面图，将正确答案填在题号后的（　　）内。

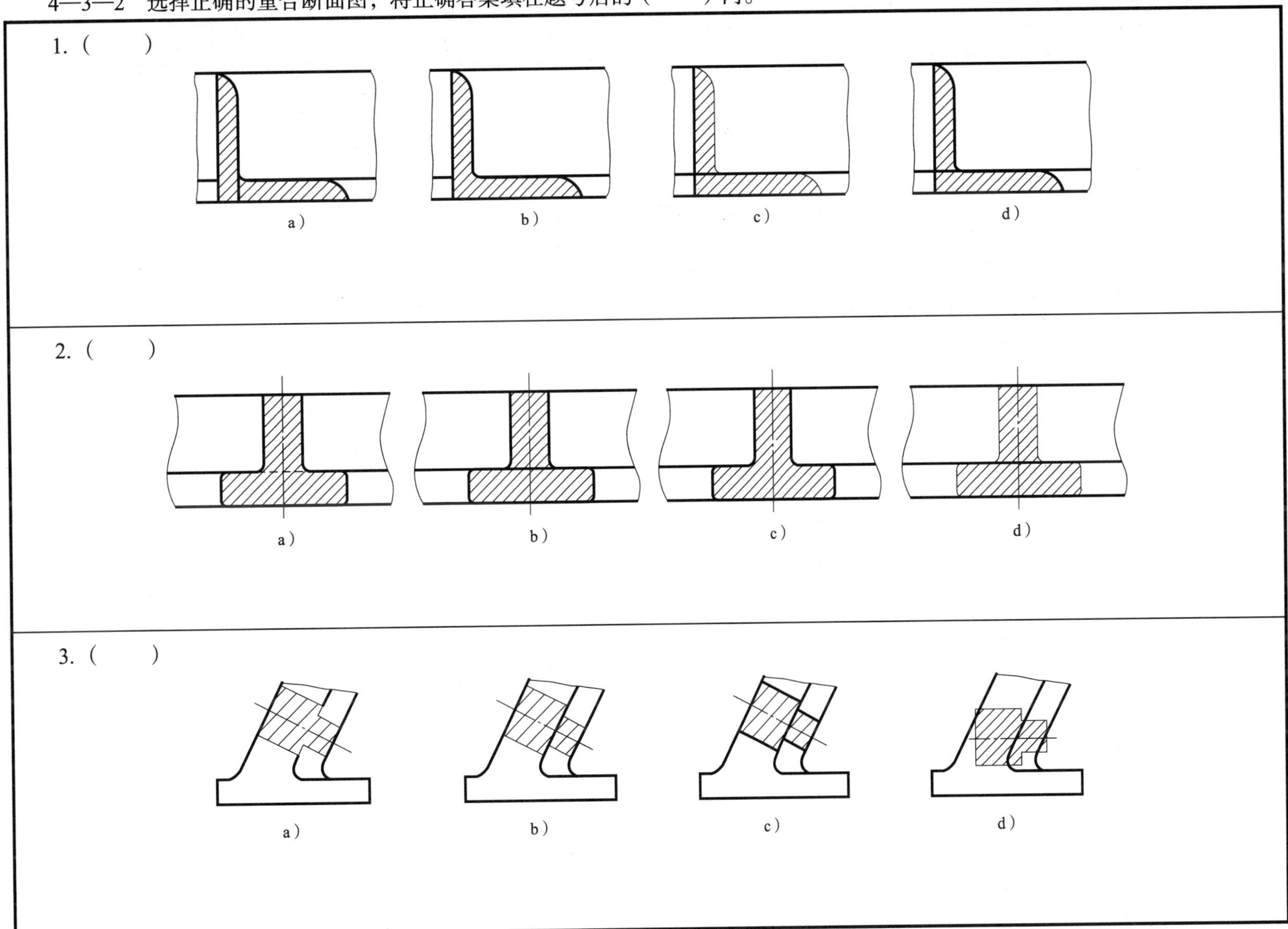

4—3—3　按要求作图。

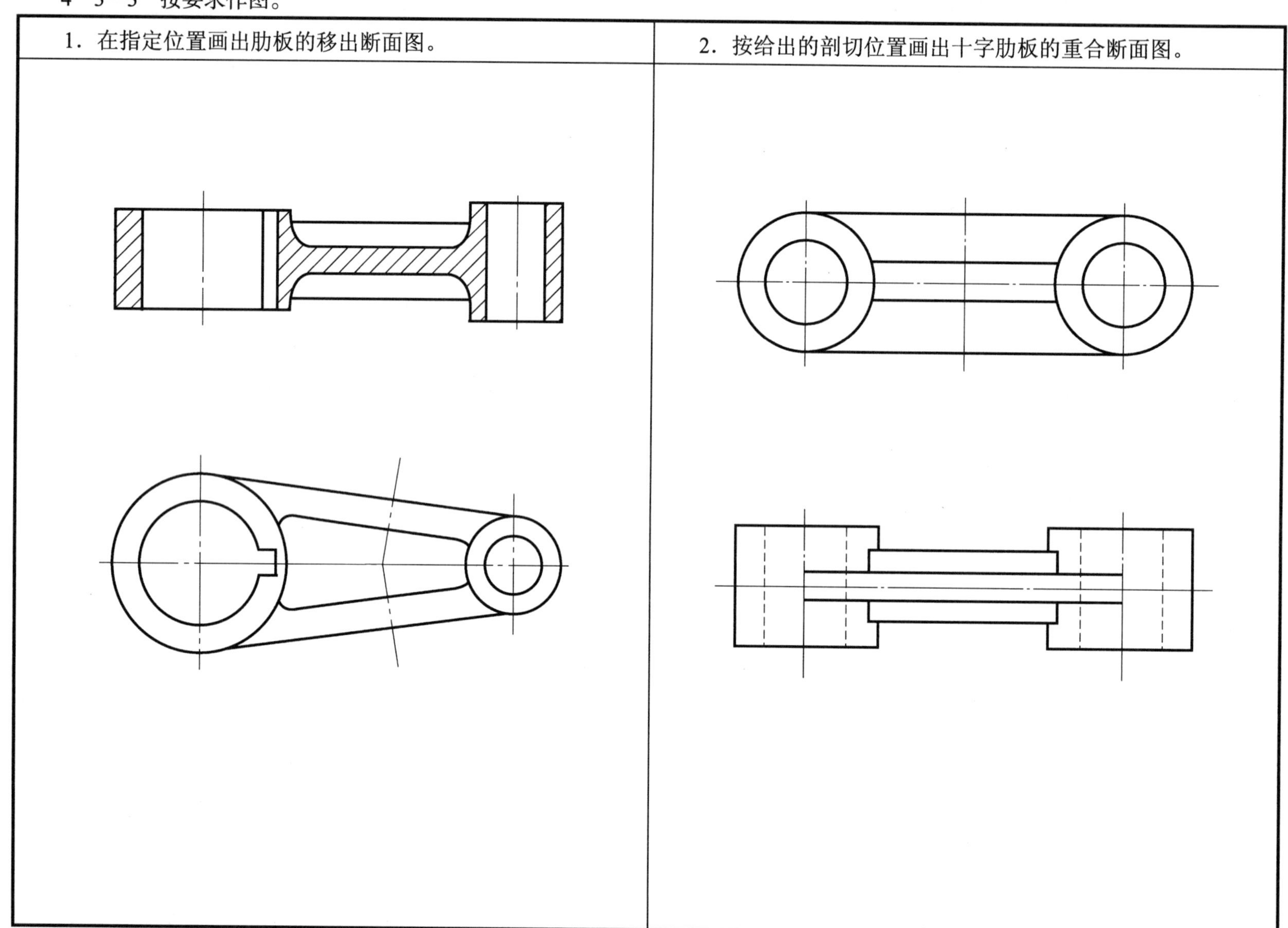

　　班级　　姓名　　学号

4—3—4　分析图示机件的表达方案，并完成填空。

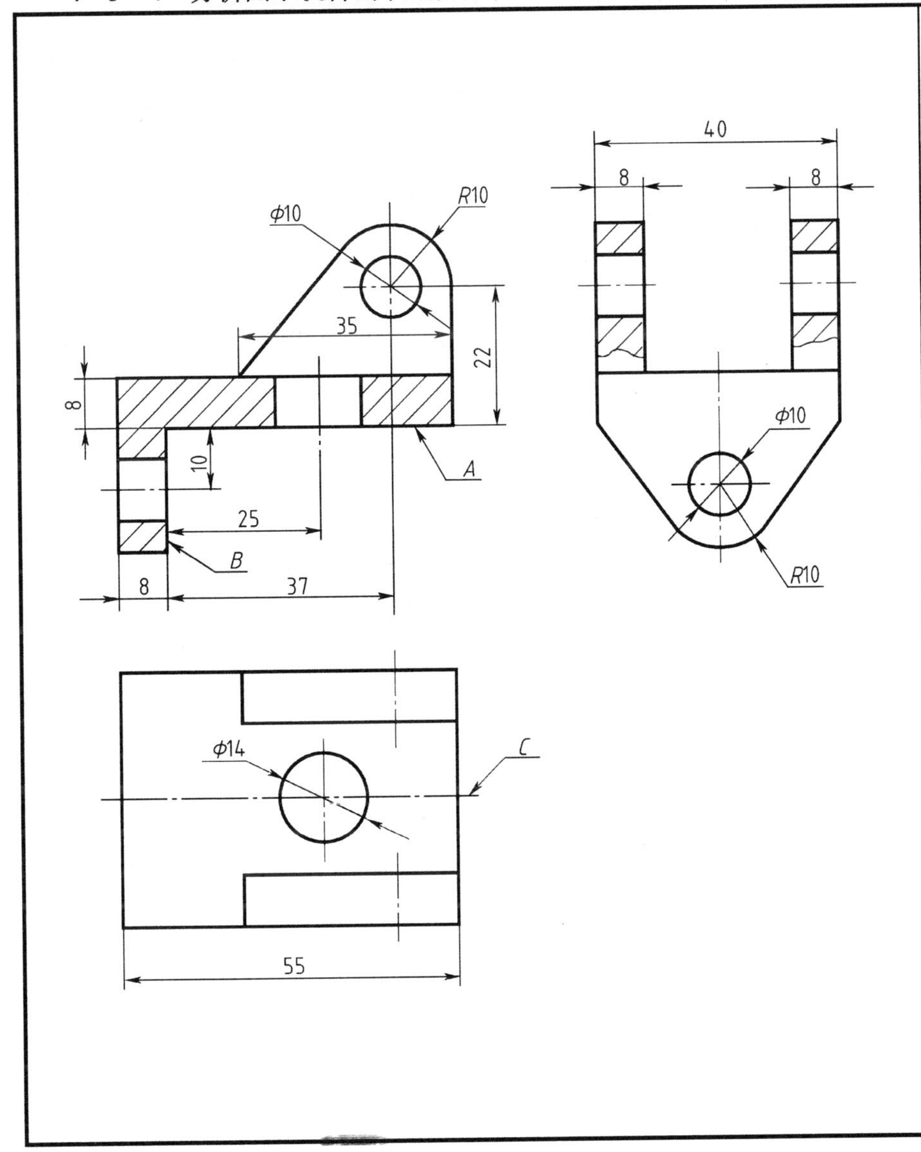

1. 该机件采用了 ________ 个图形表达，分别是 ________ 剖的 ________ 视图、________ 剖的 ________ 视图，还有一个 ________ 图。

2. 主视图中的 A 是 __________ 方向的尺寸基准，B 是 __________ 方向的尺寸基准；俯视图中的 C 是 ________ 方向的尺寸基准。

3. 主视图中 ϕ10 小孔的定位尺寸是 ________ 和 ________，孔的深度是 ________。

4. 俯视图中 ϕ14 小孔的定位尺寸是 ________，孔的深度是 ________。

5. 左视图中 ϕ10 小孔的定位尺寸是 ________，孔的深度是 ________。

6. 该机件的总长尺寸是 ________，总宽尺寸是 ________，总高是 ________。

单元五　绘制与识读专业图

课题一　绘制展开图

5—1—1　填空。

1. 钣金展开是指将物体表面按其实际________和________，摊在一个________上，展开所得的平面图形，称为该物体的________________，简称展开图。

2. 依靠施工图把工件的实际大小和形状画到________或________的过程叫放样。

3. 放样的一般步骤是____________________、____________________、____________________和____________________。

4. 放样时，首先要读懂钣金构件的____________________和主要内容，并对构件的____________________进行分析，整理出构件各部分在空间的____________________、____________________和____________________。

5. 放样基准的确定，通常情况下应选构件的_____________、_____________、_____________的端面以及_____________的轴线等。

6. 钣金展开的方法有两种，即__________________法和__________________法。目前，我国一般都采用________________法。

7. 绘制展开图的主要方法有________________________展开法、______________________展开法、__________________展开法等。

8. 画表面展开图的实质就是求构件各表面的________，其关键是求出表面各条边的____________________。

9. 旋转法就是保持________________不变，使倾斜直线绕________________于某一投影面的直线为轴，旋转成与投影面相________________的直线，则直线在与其平行的投影面上的投影就反映它的实长。

10. 平行线展开法主要应用于____________表面或___________表面，因为_____________表面的棱线或圆柱体表面的素线均为______________线。

班级　　　姓名　　　学号

5—1—2　选择。

1. 放样是施工下料的第 ________ 道工序。

A. 1　　B. 2　　C. 3　　D. 4

2. 在板料放样划线中，基准一般只选择 ________ 个。

A. 1　　B. 2　　C. 3　　D. 4

3. 所谓放样基准，实际上是 ________ 基准。

A. 作图　　B. 划线　　C. 尺寸　　D. 加工

4. 锥体的表面是由一组交汇于一点的 ________ 构成的，展开后的 ________ 仍交于一点，呈放射状。

A. 直线　　B. 曲线　　C. 平行线　　D. 垂直线

5. 在各种形体中，________ 于投影面的线段可反映实长。

A. 平行　　B. 垂直　　C. 相交　　D. 倾斜

5—1—3　作出斜切六棱柱管侧面的展开图。

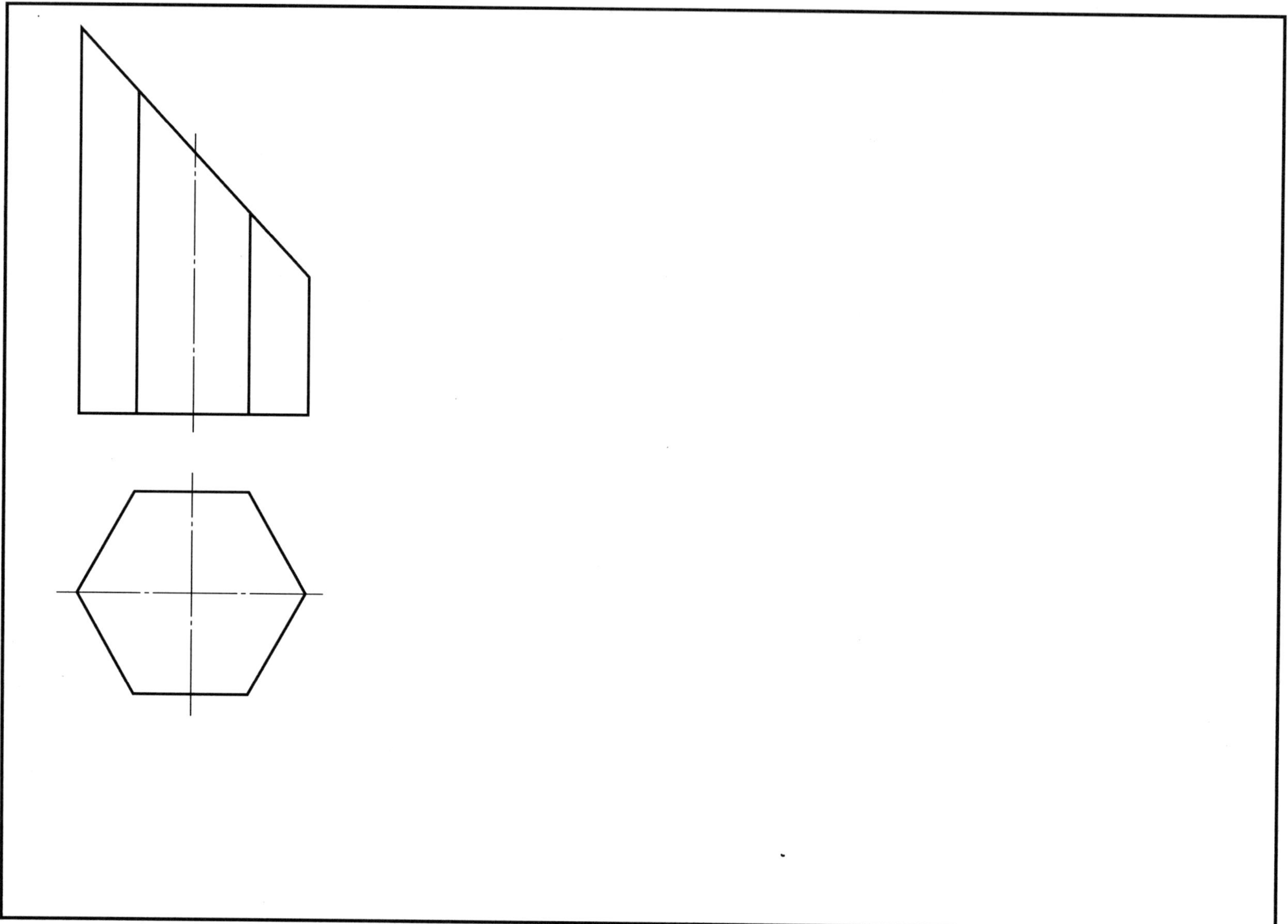

班级　　　　姓名　　　　学号

5—1—4　作出四棱台侧面的展开图。

5—1—5　作出漏斗梯形部分的展开图。

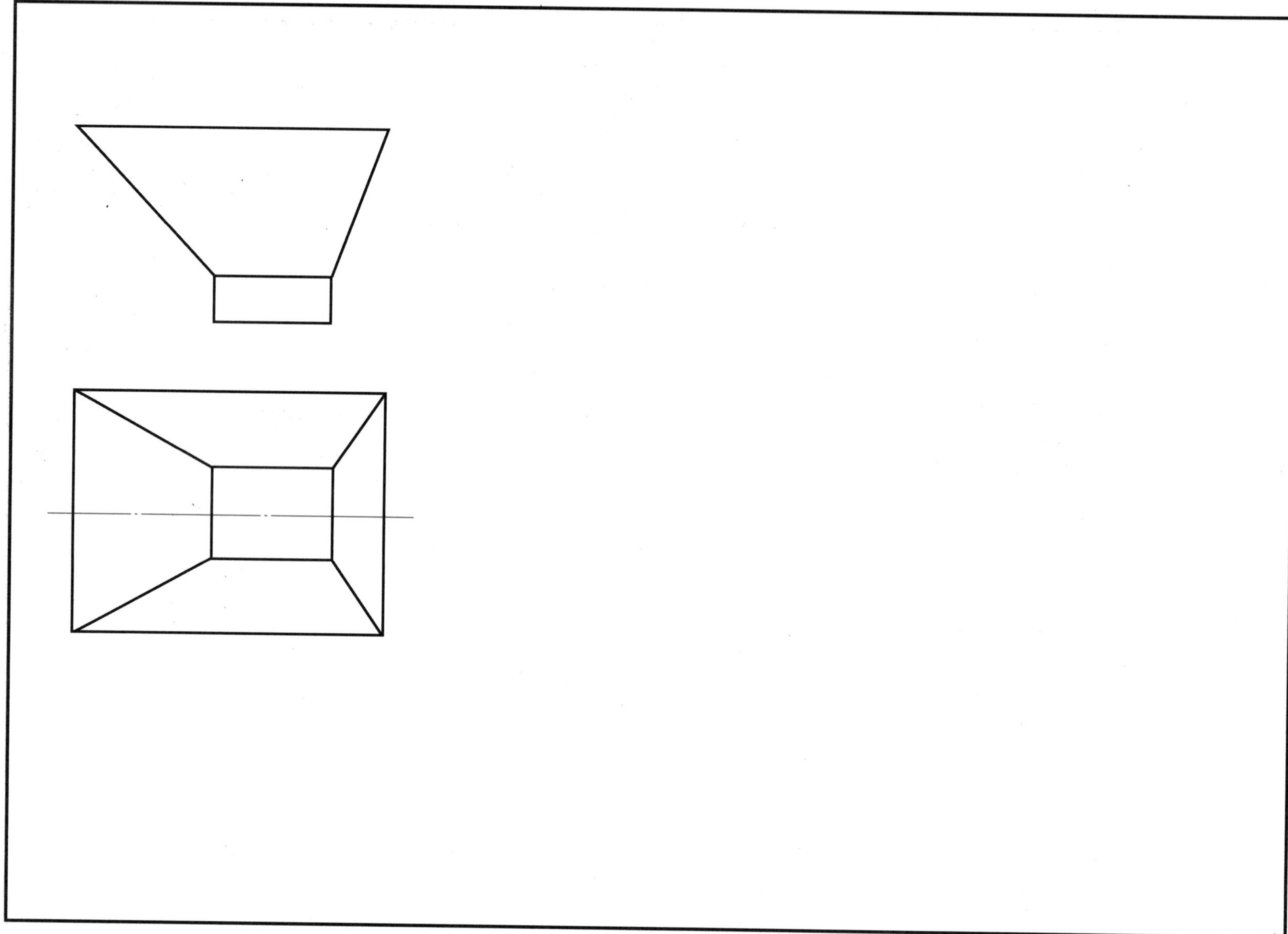

班级　　　　姓名　　　　学号

5—1—6　作出直角圆管弯头的展开图。

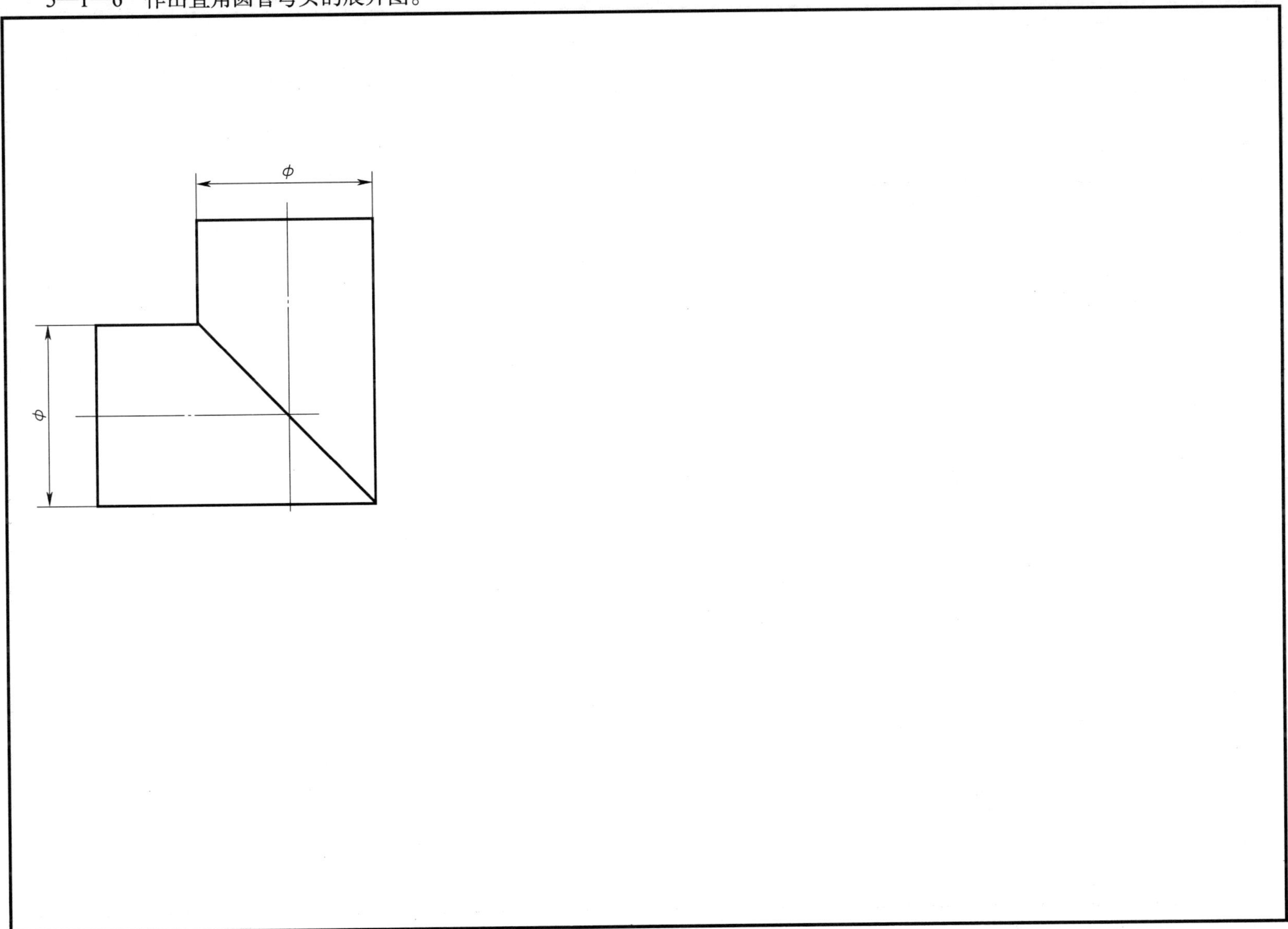

5—1—7　作出锥管的展开图。

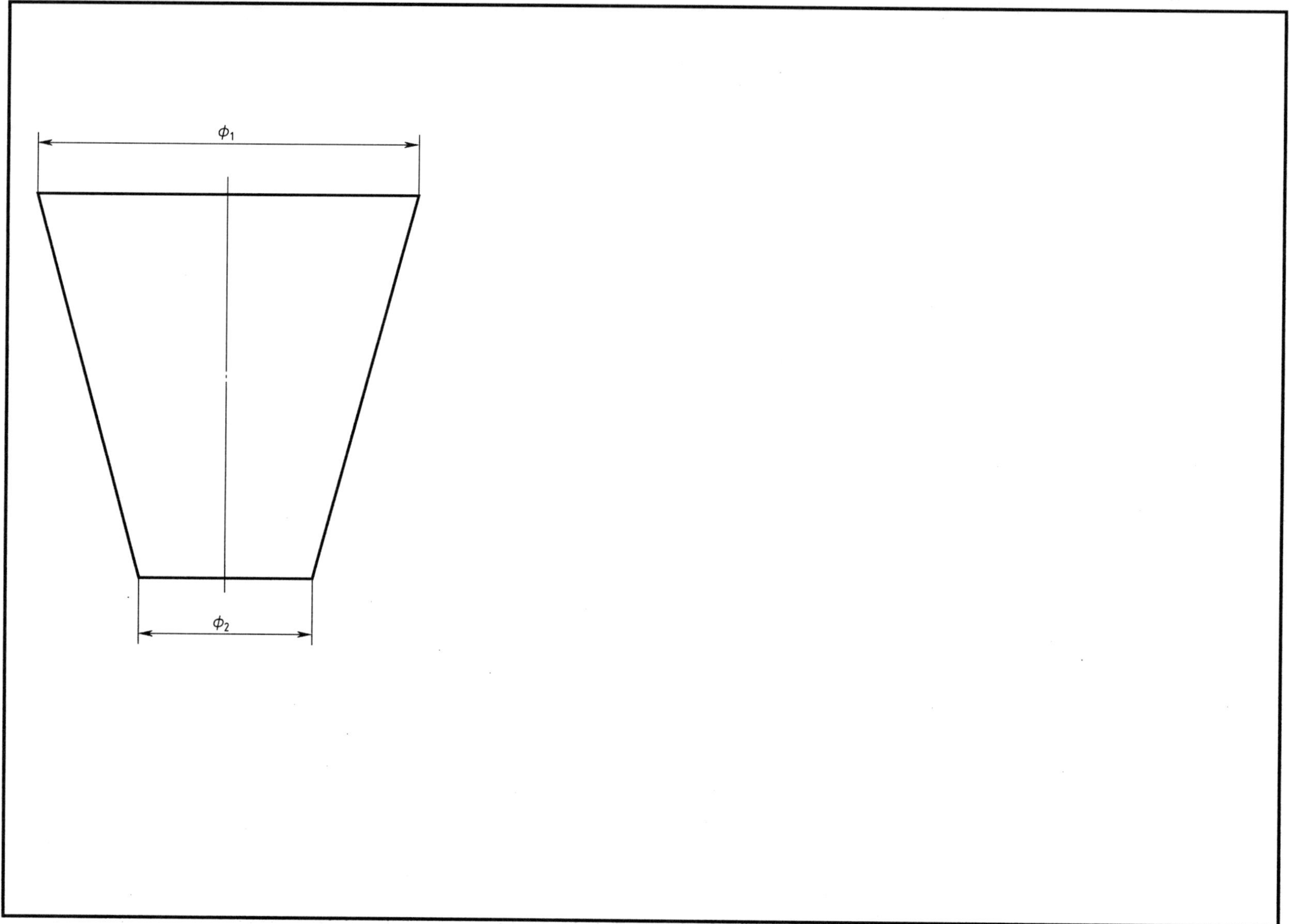

班级　　　　姓名　　　　学号

课题二　板厚处理

5—2—1　填空。

1. 任何一个钣金件都是由一定 ______________ 的板料制作而成的。在钣金工展开、下料、制作过程中，板厚会对钣金构件的 ______________、______________ 和 ______________ 产生一定的影响。

2. 在放样及展开的过程中采取相应 ________________，消除板厚对构件 ______________ 和 ______________ 的影响，这些措施的 ______________ 就称为板厚处理。

3. 一般的板料包括 ___________、___________ 和 ___________。

4. 当板料弯曲时，外表面部分将受到拉伸而 _____________，内表面部分则受压缩而 _____________，它们都改变了原来 _____________，只有 _____________ 的尺寸不会改变。

5. 对于焊接接口，由于工艺不同，接口处板厚处理的方式也不同，一般可分为 ______________ 和 ______________ 两种。

6. 对于较厚的钢板，在接口处铲坡口，不仅可以调整接口 _____________ 部位，有利于提高焊件 _______________，还能改善焊接 _____________，提高焊接 _____________，同时也是取得吻合接口的 _______________。

7. 坡口的形式根据板厚的具体施工要求的不同，可分为 _____________ 形坡口和 _____________ 形坡口两大类。

5—2—2　选择。

1. 因为构件的形状复杂多变，构件的断面 ______ 也各不相同。

A. 尺寸　　B. 形状　　C. 位置　　D. 精度

2. 以里皮为准的板厚处理原则，适用于所有断面呈 ______ 形状的构件。

A. 直线　　B. 圆弧　　C. 折线　　D. 曲线

3. 一般当板料里皮的弯曲半径 r 和板厚 t 的比值大于 ______ 时，可认为板料的中心层即为其中性层。

A. 1　　B. 2　　C. 3　　D. 4

4. 板厚处理不仅与构件本身的形状有关，而且还与构件接口处的 ______ 有关。

A. 形式　　B. 形状　　C. 尺寸　　D. 位置

5. 不铲坡口是指下料时沿金属板面的 ______ 方向切割而形成的直角坡口，常称自然坡口。

A. 倾斜　　B. 平行　　C. 垂直　　D. 相交

6. 铲坡口是将板边切割成一定形状的 ______。

A. 坡度　　B. 斜坡　　C. 尺寸　　D. 角度

7. X 形坡口用于 ______ 焊接，V 形坡口用于 ______ 焊接。

A. 双面　　B. 双边　　C. 单边　　D. 单面

班级　　姓名　　学号

课题三 识读焊接图

5—3—1 填空。

1. 焊接是对需要连接零件的连接处进行 ________ 到 ________ 或 ________ 状态后，同时填充 ________ 或 ________，使它们构成一种 ________ 的连接方法。

2. 焊接具有 ________、________、________、________ 等优点。

3. 焊接图是提供 ________ 所用的图样，除了把焊接件的 ________ 表达清楚以外，还必须把焊接内容表示清楚，如焊接 ________、________、________、________ 等。

4. 按焊接过程中金属所处的状态不同，焊接方法分为 ________ 焊接、________ 焊接和 ________ 三大类。

5. GB/T 324—2008 规定，焊缝符号由 ________ 和 ________ 组成，必要时还可加上 ________ 符号和 ________ 符号。

6. 基本符号是表示焊缝 ________ 形状的符号。

7. 基准线一般应与图样的主标题栏 ________，但在特殊情况下亦可与底边相 ________。

8. 焊缝尺寸符号用来表示 ________ 及 ________ 尺寸，对于 ________ 的焊缝，一般不标注焊缝尺寸。

5—3—2　选择。

1. 国家标准规定，用 ______ 代号来表示各种焊接方法。

A. 大写字母　　B. 小写字母　　C. 大写数字　　D. 阿拉伯数字

2. 工件经焊接后形成的 ______ 称为焊缝。

A. 接口　　B. 工件　　C. 接缝　　D. 焊接

3. 基本符号用 ______ 绘制。

A. 实线　　B. 细实线　　C. 细虚线　　D. 粗实线

4. 箭头可画在基准线 ______。

A. 左端　　B. 右端　　C. 左端或右端　　D. 前端

5. 基准线的细虚线可以画在基准线细实线的 ______。

A. 上侧　　B. 下侧　　C. 下侧或上侧　　D. 前侧

　　班级　　姓名　　学号

5—3—3　在题号后的（　　）内填写出焊缝接头的名称。

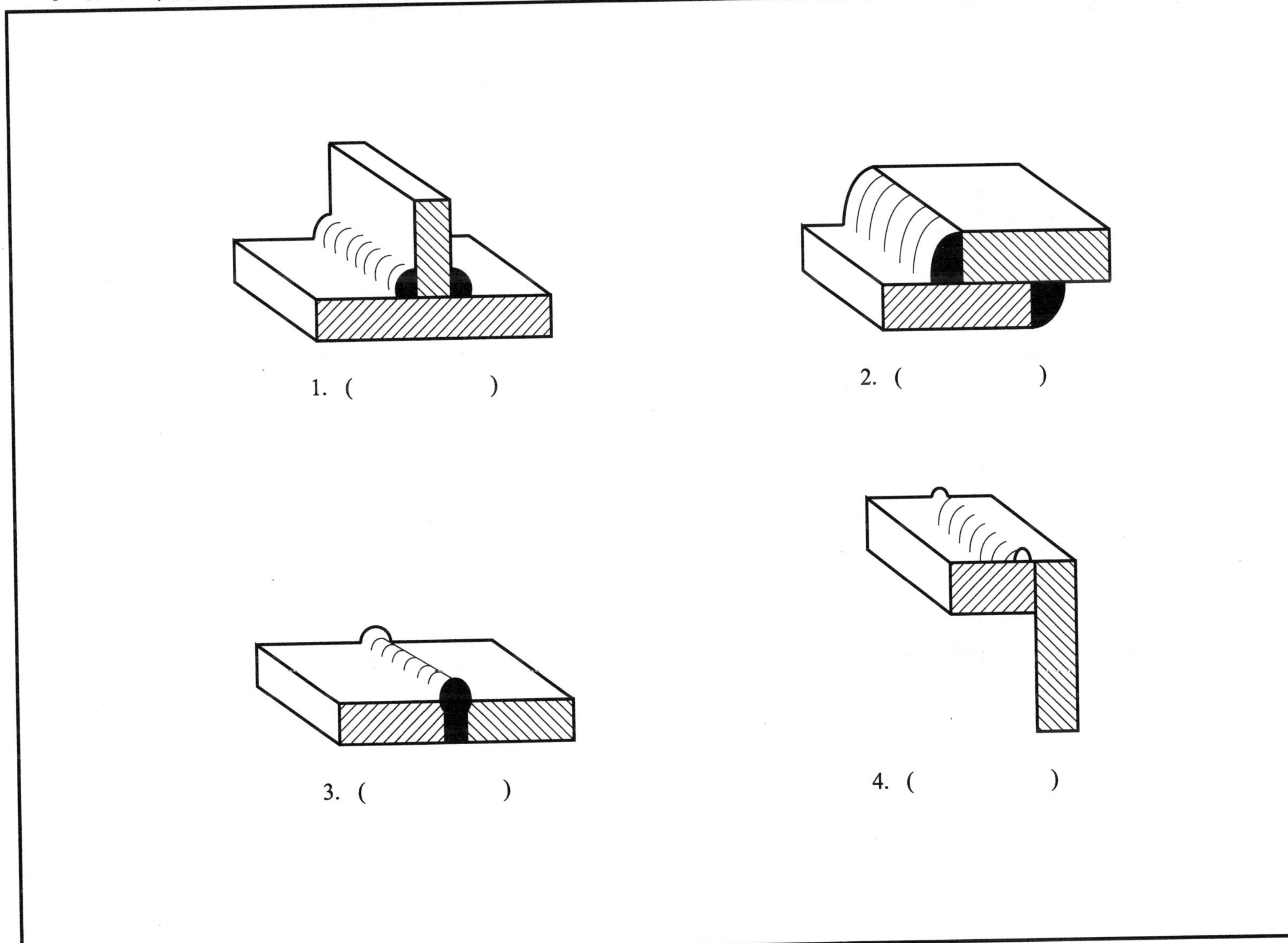

5—3—4　在题号后的（　　）内填写出焊缝的名称。

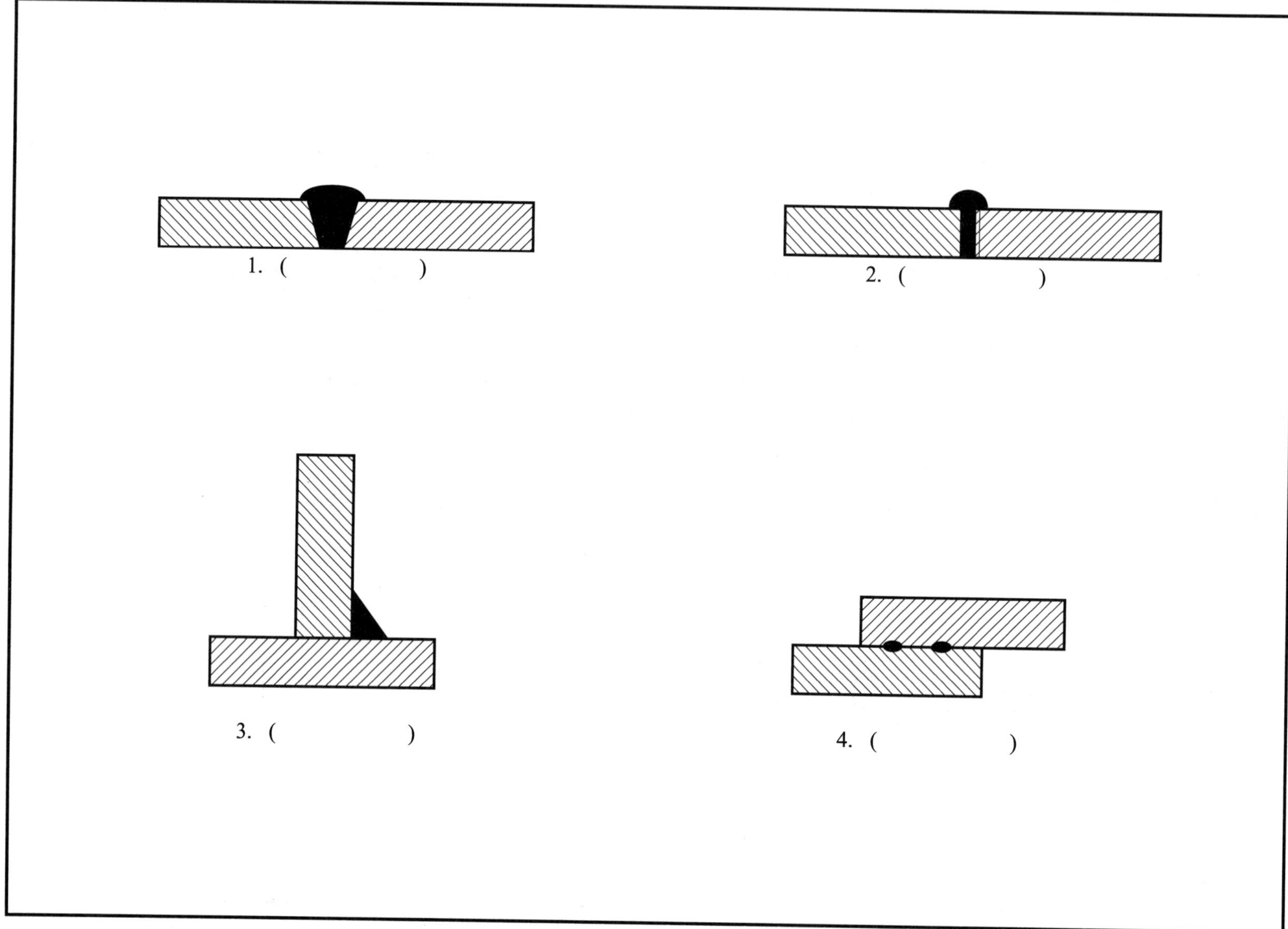

班级　　　　姓名　　　　学号

5—3—5　在题号后的（　　）内填写出各补充符号的名称。

1.（　　　　　）　2.（　　　　　）　3.（　　　　　）

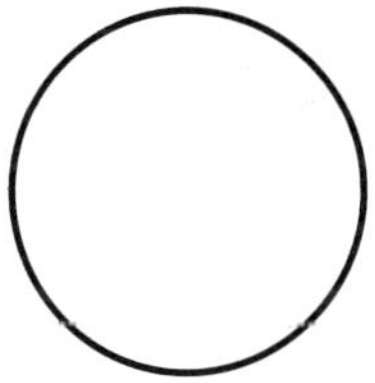

4.（　　　　　）　5.（ 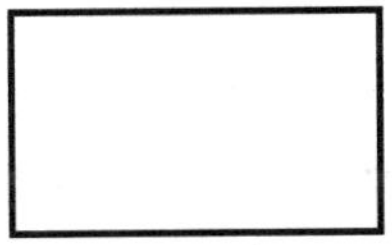　　　　　）　6.（ 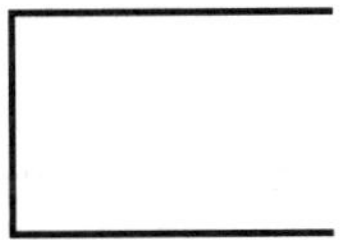　　　　　）　7.（　　　　　）

5—3—6　标注焊缝符号。

1. 左图为双面V形焊缝，右图为单面带钝边的单边V形焊缝（坡口朝上）。	2. 单边角焊缝，焊脚尺寸为5 mm，在现场用焊条电弧焊。
a）　b）	
3. 圆管外侧周围与底板角焊，K=5 mm。	4. 角钢两侧与底板角焊，K=3 mm，用图示法表示焊缝，并标注焊缝符号。

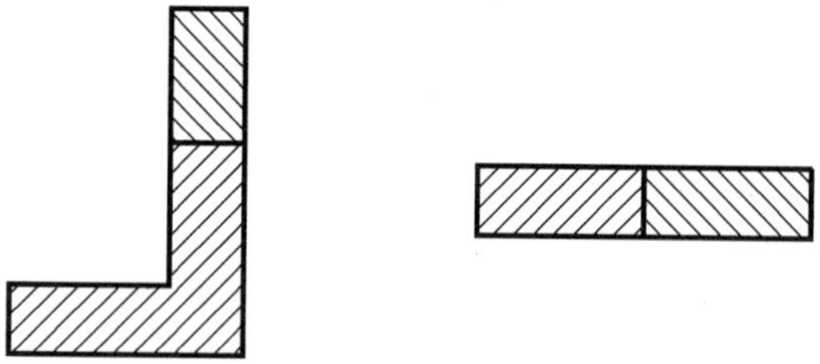

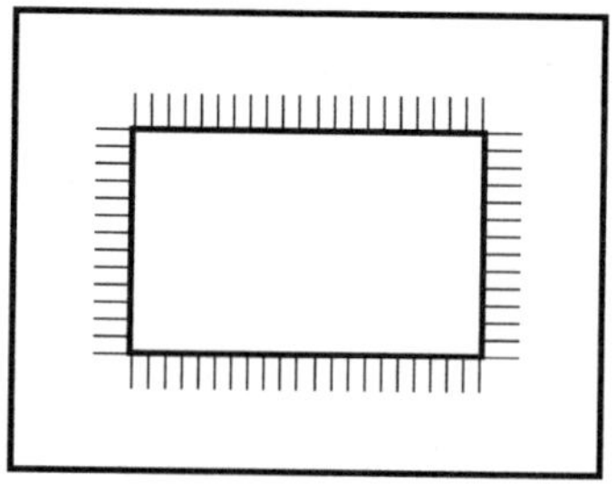

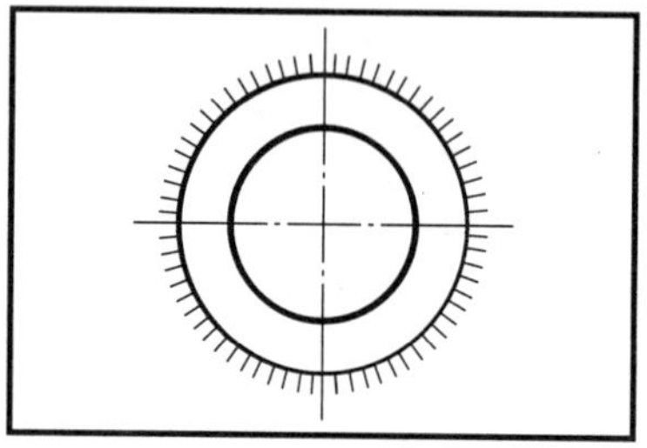

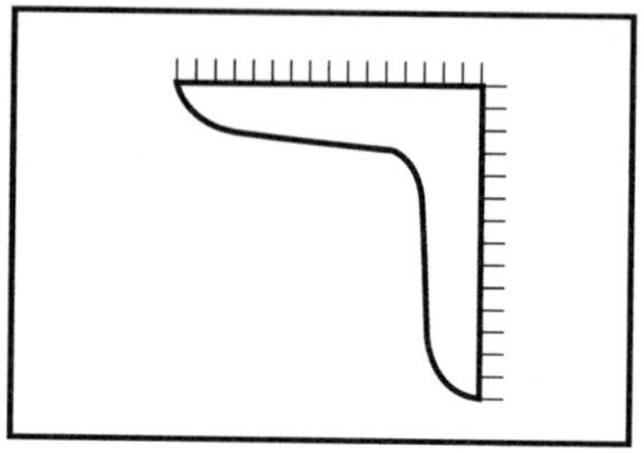

　班级　姓名　学号

5—3—7 焊缝的图示法。

1. 根据焊缝符号画出焊缝图形，并标注焊缝尺寸。

（1）

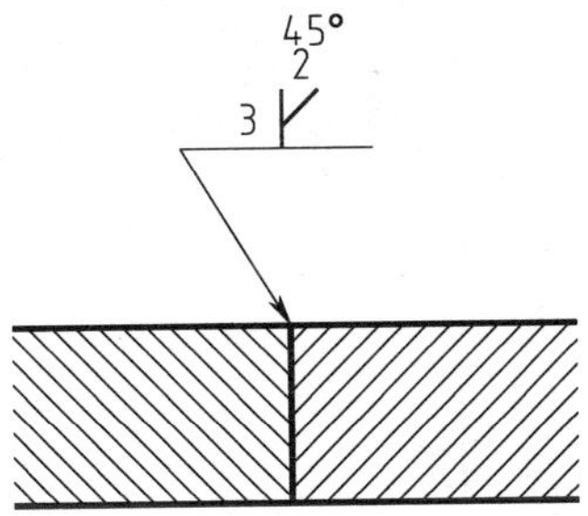

（2）

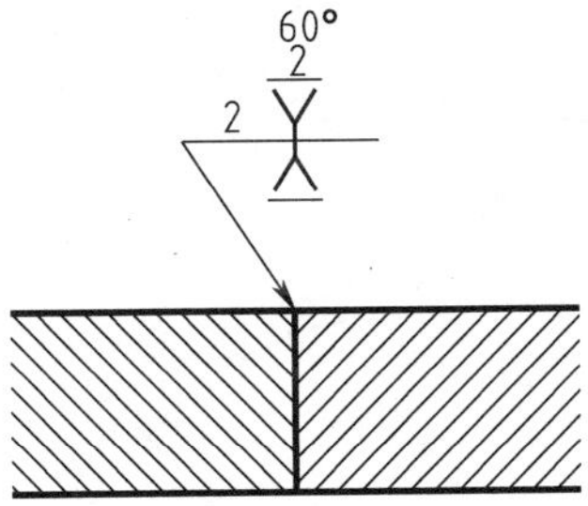

2. 将图中焊缝的符号表示法改为图示表示法。

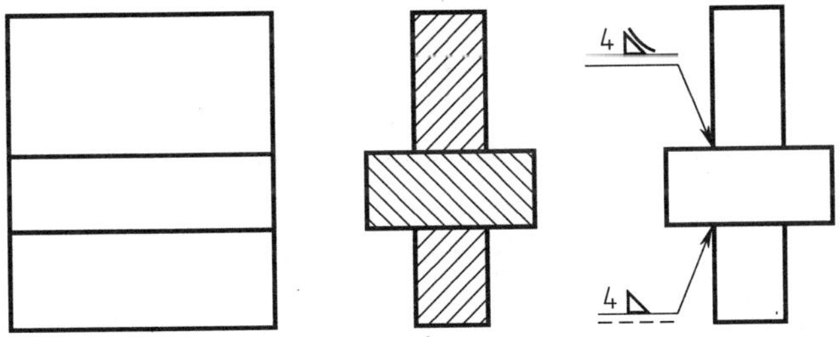

3. 说明图中焊缝符号的含义。

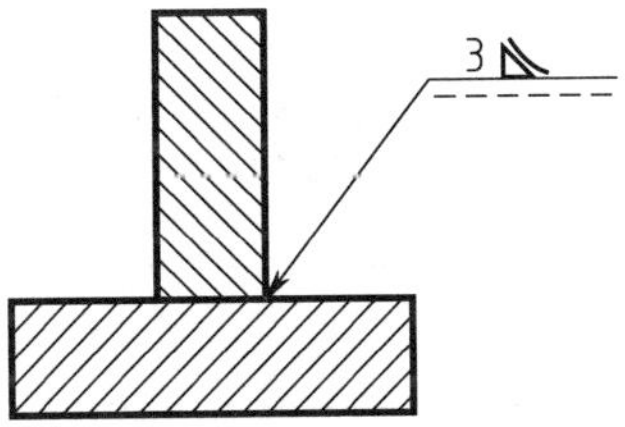

图中的符号表示 ____________ 侧 ____________ 焊缝，焊脚尺寸为 ____________，焊缝表面为 ______ 面。

5—3—8　识读焊接图：识读下图所示的焊接图，并完成下页的填空。

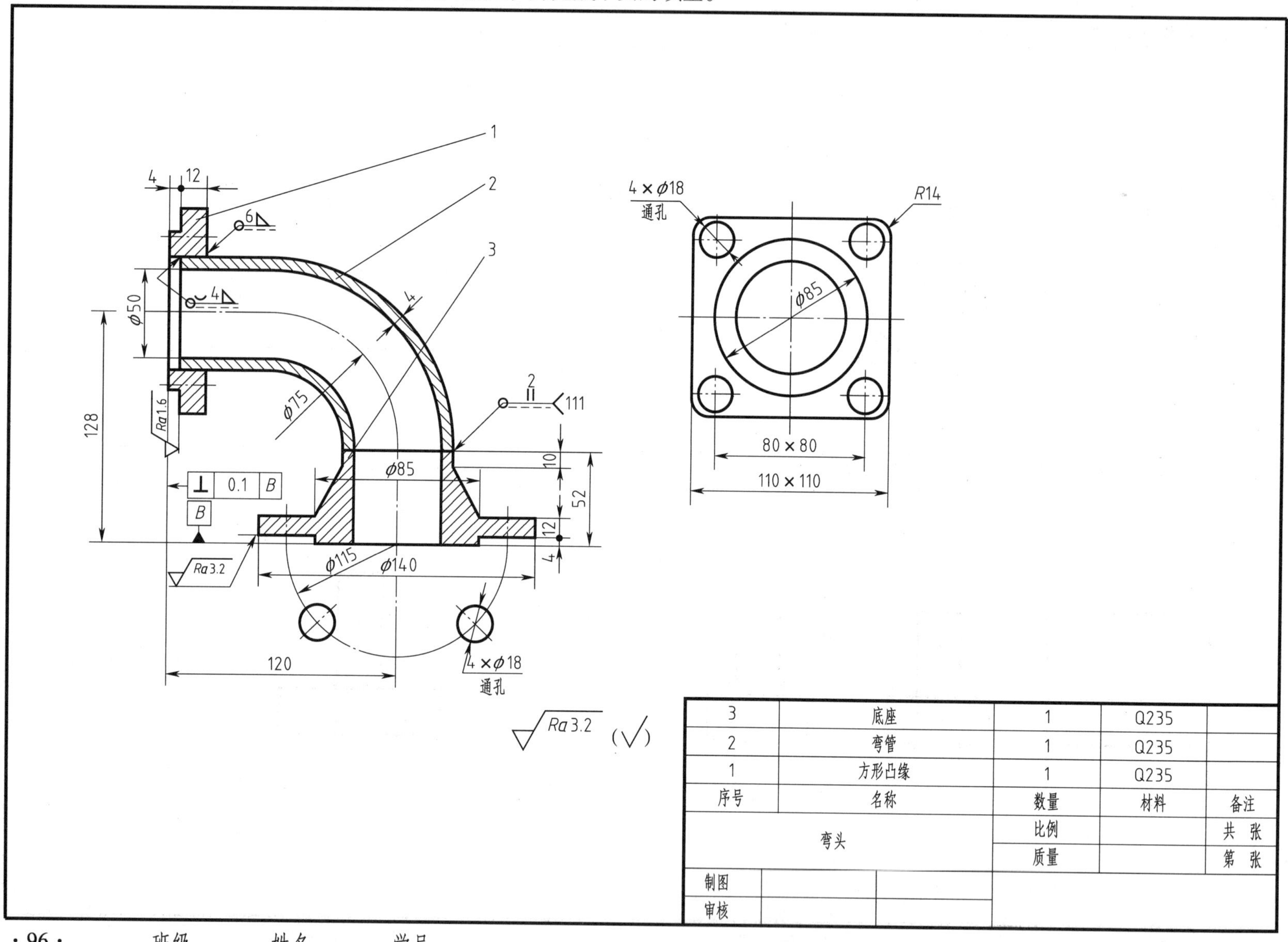

3	底座	1	Q235	
2	弯管	1	Q235	
1	方形凸缘	1	Q235	
序号	名称	数量	材料	备注
弯头		比例		共　张
		质量		第　张
制图				
审核				

1. 图示弯头的焊接图用 ______ 个视图表示，即 ________ 的 ________ 图和一个 ________ 视图。________ 主要表达三个组成部分的焊接位置，___________ 表达方形凸缘 1 的外形。

2. 从已知视图可看出，弯头是由 ______ 部分焊接而成的。底座 3 在 ______ 方，方形凸缘 1 在 ______ 方，弯管 2 处于 ______ 位置。

3. 方形凸缘 1 的外形尺寸为 ________________，其上有 ________________ 个直径为 ________________ 的小孔，小孔的深度是 ________________，定位尺寸是 ________________。

4. 弯管 2 的外径尺寸是 ___________，内径尺寸是 ___________，中心的弯曲半径是 ___________。

5. 底座 3 的外径尺寸是 ________________，其上有 _____________ 个直径为 ________________ 的小孔，小孔的深度是 ________________，定位尺寸是 ________________。

6. 底座 3 和弯管 2 之间的焊缝代号为 [焊缝代号：2 ‖ 111]，其中"2 ‖"表示 _________ 型焊缝，根部间隙 b 是 _________；111 表示全部焊缝均采用 _________ 焊。

7. 方形凸缘 1 和弯管 2 外壁的焊缝代号为 [焊缝代号：○ 6 ◺]，其中"○"表示 _________ 焊接；"◺"表示角焊缝，焊脚高度为 _______。

8. 方形凸缘 1 和弯管 2 的内焊缝代号为 [焊缝代号：○ ◡ 4 ◺]，其中"◡"表示焊缝表面 ________________；"○"表示 _____________ 焊接；"◺"表示 _________ 焊缝，焊脚高度为 _______。

单元六　认知汽车车身材料

课题一　认知汽车车身结构和钣金材料的性能

6—1—1　填空题

1. 汽车车身材料是指车身的 ________、________、________ 的制造以及 ________ 的内、外装饰，________ 等方面所用的材料。

2. 汽车在使用过程中，往往要承受 ________、________、________、________ 等，工作环境恶劣。

3. 车身是汽车 ________ 组成部分之一。为驾驶员提供良好的 ________ 条件，为乘客提供舒适的 ________ 和 ________，或者 ____________。

4. 汽车车身按受力形式不同可分为 ____________ 车身、____________ 车身和 ____________ 车身。

5. 汽车车身的主要钣金件包括 ________、________、________、________________。

6. 车身材料既要满足车身 __________、__________、__________、__________ 方面的要求，还要满足 __________、__________ 等方面的要求。

7. 车身材料必须有良好的工艺性能，即：良好 __________、良好 ____________、具有一定 __________ 性能。

8. 金属材料的物理性能主要有 __________、__________、__________、__________、磁性和 __________。

9. 金属材料的化学性能是指金属材料抵抗 ____________ 的能力，它包括 ____________ 和 ____________ 等。

10. 金属材料的力学性能是指材料受 ________ 作用时所反映出来的 ________ 性能。力学性能包括 ________、________、________、________、________ 和 ________ 等。

11. 常用的金属硬度测试方法有 ____________ 硬度法和 ____________ 硬度法。

12. 洛氏硬度根据压头和压力不同，分别用 HR____、HR____、HR____ 表示，其中 HR____ 最为常用。

6—1—2　单选题

1. 汽车车身安装在 ______ 的车架上。

A. 地板　　B. 车厢

C. 底盘　　D. 汽车

2. 体积相同的不同金属，密度越大，其质量也越 ______。

A. 大　　B. 小

C. 轻　　D. 好

3. 屈服强度代表金属材料抵抗微量 ______ 变形的能力。

A. 弹性　　B. 塑性

C. 永久　　D. 永不

4. 金属材料在被拉断前所能承受的最大应力称为 ______ 强度。

A. 抗拉　　B. 抗压

C. 屈服　　　　D. 弯曲

5. 零件在工作中所承受的应力，不允许超过 ______ 强度，否则会产生断裂，造成事故。

A. 抗拉　　　　B. 抗压

C. 屈服　　　　D. 弯曲

6. ______ 是钣金成形的重要指标之一。

A. 强度　　　　B. 塑性

C. 硬度　　　　D. 弹性

7. 零件产生疲劳破坏的原因主要是材料 ______ 有缺陷（如夹杂、划痕、夹角等）。

A. 表面　　　　B. 内部

C. 表面或内部

8. 铁碳合金中，碳的质量分数越低，压力加工性能越 ______。

A. 好　　　　B. 差

C. 坏　　　　D. 强

9. 对碳钢和低合金钢而言，焊接性能主要与其化学成分有关，其中 ______ 的影响最大。

A. 铁　　　　B. 碳

C. 铁碳合金　　　　D. 合金

10. 碳的质量分数高，材料的淬硬性 ______。

A. 好　　　　B. 差

C. 坏　　　　D. 高

6—1—3　名词解释

1. 加工硬化

2. 密度

3. 熔点

4. 塑性

5. 硬度

6—1—4　判断题（对的打“√”，错的打“×”）

1. 承载式车身含有车架。 (　　)

2. 一般来说，金属的熔点低，铸造和焊接都易于进行。 (　　)

3. 为了减轻车体质量，汽车车身可选用密度大的铝合金来制造。 (　　)

4. 合金的导热性比纯金属差。 (　　)

5. 一般来说，材料的硬度越高，耐磨性也越好。 (　　)

6. 纯金属的压力加工性能优于一般合金。 (　　)

7. 低碳钢的焊接性能较差。 (　　)

6—1—5　简答题

1. 什么叫强度？根据载荷作用的不同方式，强度分为哪几种?

2. 什么叫冲击韧度？汽车上哪些零件在工作中会受到冲击载荷的作用?

班级　　姓名　　学号

课题二　汽车车身常用的金属材料

6—2—1　填空题

1. 汽车车身常用的金属材料分为______和______两大类。

2. 铁碳合金按碳的质量分数不同，分为______、______和______。

3. 轧制钢板可分为______钢板、______钢板及______钢板。

4. 镀层钢板也称______钢板，是在______或______钢板的基础上经过______的方法在钢板表面镀有一层______的镀层，以提高表面的______性。按镀层材料不同，镀层钢板可分为______钢板、______钢板、______钢板和______钢板等。

5. 特殊钢板是指具有______和______的钢板。常用的特殊钢板有______钢板、______钢板和______钢板。

6. 夹层滞振钢板是在两层钢板之间夹着一层厚度约0.05 mm的高分子______材料，把______材料和______材料的特性有机地结合起来。

7. 花纹板具有______作用，用于制造汽车______、______等。

8. 型钢的种类很多，根据______分为简单断面型钢和复杂断面型钢。简单断面型钢有______钢、______钢、______钢、______钢和______钢；复杂断面型钢有______钢、______钢、______钢等。

6—2—2　单选题

1. 碳的质量分数为______的铁碳合金叫碳素钢，简称碳钢。碳的质量分数大于______的铁碳合金称为铸铁，碳的质量分数低于______的铁碳合金称为工业纯铁。

A. 2.11%　　B. 0.021 8%

C. 0.021 8% ~ 2.11%

2. ______是决定钢性能最主要的元素。

A. 铁　　B. 碳

C. 合金　　D. 铁碳合金

3. 高强度钢是指强度高于低碳钢的各种类型的钢材，一般强度为______MPa以上。

A. 240　　B. 340

C. 540　　D. 680

4. 镀层钢板一般用在车身上______发生腐蚀的部位，如车门下坎、车轮护罩、车身下护围等。

A. 易　　B. 不易

C. 不　　D. 最易

5. 为减小汽车振动、降低噪声、增加乘坐的舒适性，汽车发动机和变速器周围的冲压件常采用______钢板制造。

A. 热轧酸洗　　B. 镀层

C. 夹层　　　　D. 夹层滞振

6. 铜合金板中常用的是 ______ 板。

A. 黄铜　　　　B. 紫铜

C. 青铜　　　　D. 纯铜

6—2—3　名词解释

1. 合金钢

2. 热轧钢板

3. 冷轧钢板

4. 铝合金板

6—2—4　判断题（对的打“√”，错的打“×”）

1. 热轧钢板主要用来生产型材、板材、管材。（　　）

2. 高强度钢板在进行钣金加工时，不宜采用加热的方法进行操作。（　　）

3. 镀锌钢板也称白锌板，其表面发白，具有抗腐蚀性能好及表面美观的特征。（　　）

4. 纯铜和黄铜的焊接性差，所以适于气焊、钎焊。（　　）

5. 纯铝板抗拉强度较高，适宜制作大载荷的构件。（　　）

6—2—5　简答题

1. 简述碳钢的分类。

2. 简述铝合金板的性能特点及其在汽车上的应用。

班级　　姓名　　学号

课题三　车身材料的预处理

6—3—1　填空题

1. 金属材料在钣金加工前进行的所有 ________ 工作，统称为钢材的 ______ 处理。

2. 预处理的目的是 ________ 材料表面的 ________、________、________ 等。

3. 车身材料的预处理一般包括 ________ 处理、________ 处理、________ 处理、________ 四个方面。

4. 常用的除油清洗液有 ________ 清洗液、________ 清洗液、________ 清洗液等。

5. 抛丸除锈是利用 ________________ 的抛丸器叶轮将 ________ 投向材料表面，依靠高速弹丸的 ________ 以及 ____________ 来达到除锈除油的目的。

6. 车身材料常用的软化处理办法有 ________ 处理、________ 处理和 ________ 处理。

7. 完全退火后的钢材，________ 大大降低，________ 和 ________ 有了很大提高，改善了 ________ 组织结构，消除了 ________，这就为钣金工艺加工创造了 ________ 的条件。

8. 通过对车身材料进行软化处理，可达到 ________、________、________、________ 的目的。

6—3—2　单选题

1. 锈是金属表面的 ______。

A. 腐蚀物　　B. 锈蚀物

C. 附着物　　D. 黏着物

2. 正火是将钢材加热到临界温度以上 30 ~ 50℃，保温一段时间，在 ______ 中冷却。

A. 炉　　B. 水

C. 空气　　D. 油

3. 退火是将钢材加热到临界温度以上 30 ~ 50℃，保温一段时间，然后随 ______ 冷却的热处理方法。

A. 炉　　B. 水

C. 空气　　D. 油

6—3—3　名词解释

1. 机械除锈法

2. 化学除锈法

3．消除应力处理

2．什么叫整形处理？

6—3—4　简答题

1．对清除金属油污的溶剂有哪些要求？

班级　　　　姓名　　　　学号

课题四　车身用非金属材料

6—4—1　填空题

1. 非金属材料是指除 ________ 材料以外的其他材料。

2. 合成树脂是由 ________ 经 ________ 反应而获得的 ________ 化合物。受热时可 ________，在塑料中起着 ________ 作用。

3. 增塑剂是用以提高树脂的 ________ 和 ________，并使 ________ 降低。

4. 橡胶是以 ________ 为原料，加入适量的 ________，经 ________ 以后得到的一种 ________ 材料。

5. 生胶按其来源分为 ________ 橡胶与 ________ 橡胶。

6. 配合剂是为了 ________ 和 ________ 橡胶的性能而加入的物质。

7. 生产中常用的橡胶材料有 ________ 橡胶、________ 橡胶和 ________ 胶。

8. 天然橡胶材料是指以天然橡胶为 ______ 制成的橡胶材料，代号为 ______。

9. 汽车轮胎是汽车上橡胶用量 ______ 的橡胶零件，轮胎约占橡胶件总重的 ____%。轮胎是装在汽车 ______ 上与 ______ 相接触的 ______ 弹性体。

10. 再生胶是将 ________ 的边角废料和废旧橡胶制品经过 ________、________ 方法加工后，去掉 ________ 的弹性，恢复塑性和黏性，可以重新 ________ 的橡胶。

11. 汽车玻璃是构成汽车 ________ 的重要材料之一，它具有 ________、________ 和 ________ 的特点。

12. 汽车上使用的玻璃主要是 ________ 玻璃，对玻璃的 ________、________、强度及 ________ 有很高的要求。

13. 按特殊功用不同可分 ________ 玻璃、________ 玻璃、________ 玻璃和 ________ 玻璃等。

14. 防爆玻璃具有较大的 ________ 及 ________、________、________ 等特点。

15. 汽车用密封剂具有 ________ 和 ________ 的双重作用，用来 ________、填隙密封，还可以代替 ________，以减轻汽车的 ________、降低消耗，提高汽车和车身的 ________ 和 ________。

6—4—2　单选题

1. 固化剂在塑料加工过程中可使树脂 ______ 化，从而达到使用要求。

A. 软　　B. 硬

C. 强　　D. 固

2. 轿车的前窗必须安装 ______ 玻璃。

A. 夹层　　B. 钢化

C. 中空　　D. 防水

3. 减振块主要用在汽车发动机、底盘等部件上，用来防止和降低汽车行驶中的 ______。

A. 振动　　B. 噪声

C. 振动和噪声　　　D. 阻力

4. ______ 玻璃可提高雨天行驶中玻璃的可视度。

A. 夹层　　　B. 钢化

C. 憎水　　　D. 防水

5. 着色玻璃的颜色是逐渐过渡的，前风窗的 ______ 也适于着色，以遮挡阳光对驾驶员的照射。

A. 上部　　　B. 中部

C. 下部　　　D. 左边

6. 点焊密封胶是冲压钣金件在点焊 ______ 涂敷在接缝处的一种密封剂。

A. 前　　　B. 后

C. 中间　　　D. 左边

6—4—3　判断题（对的打“√”，错的打“×”）

1. 橡胶是一种具有高弹性的高分子材料。（　　）

2. 钢化玻璃在受到冲击破碎后，会造成人体伤害。（　　）

3. 夹层玻璃又称安全玻璃。（　　）

4. 在汽车上使用密封胶是解决三漏的有效措施。（　　）

6—4—4　名词解释

1. 塑料

2. 钢化玻璃

6—4—5　简答题

1. 简述塑料的主要特性。

2. 简述橡胶的基本性能。

单元七　钣金安全操作规程

课题一　汽车钣金维修的人身防护

7—1—1　填空题

1. 防护呼吸器主要有 ________、________ 和 ________。

2. 防护眼镜适用于进行 ________、________ 工序时眼睛的防护。

3. 焊接时保护脸部和眼睛而必须佩戴的是 ________ 面罩。

4. 能有效地隔绝高温、绝缘的手套是 ________。

5. 有钢板层的 ________ 鞋，能防止重物掉落在脚面时，保护脚不受重击。

7—1—2　多选题

1. 在打磨过程中使用的防护用品有 ________。

A. 手套　　B. 护目镜

C. 耳塞　　D. 口罩

2. 在切割过程中使用的防护用品有 ________。

A. 手套　　B. 护目镜

C. 耳塞　　D. 集尘器

3. 在气体保护焊焊接过程中使用的防护用品有 ________。

A. 线手套　　B. 护目镜

C. 围裙　　D. 焊接面罩

4. 下列防护用品中对眼睛可以起到保护作用的是 ________。

A. 护目镜　　B. 透明面罩

C. 焊接面罩　　D. 防毒面具

5. 在进行保护焊接时必须使用的手套是 ________。

A. 纸手套　　B. 棉手套

C. 塑料手套　　D. 皮手套

7—1—3　简答题

1. 进行打磨操作时应该做哪些防护?

2. 在进行焊接时，应如何正确防护?

课题二　汽车钣金维修工具和设备的安全使用

7—2—1　填空题

1. 手动工具根据用途可分为 ________、________、旋具类、卷尺类、锤子类、套筒类、切削类、________、组套类等。

2. 带有牙口、刃口尖锐的工具及转动部分应有 ________。

3. 电动工具主要分为 ________ 电动工具、________ 电动工具、________ 电动工具和铁道用电动工具。

4. 电动工具应尽量使用 ________ 电源，必须用 ________ 电源时应确保地线连接可靠。

5. 从广义上讲，气动工具主要是利用 ________ 带动气动马达而对外输出动能工作的一种工具。

7—2—2　选择题

1. 下列说法错误的是 ________。

A. 在进行钻孔时，可使用线手套

B. 在进行钻孔时，由于声音很小，所以不必使用耳塞或耳罩

C. 在对车辆进行拉伸时，必须使用耳塞或耳罩

D. 在对车辆进行拉伸时，必须使用安全绳索

2. 在噪声较小时，需不需要使用耳塞或耳罩？正确答案是 ________。

A. 可不必使用

B. 需要，因为噪声较小时属于静噪声，也对身体有害

C. 不需要，因为噪声较小时，对身体没有伤害

D. 只有在噪声较大时才使用

3. 为消除静电危害，应采取的措施是 ________。

A. 保护接零　　B. 绝缘

C. 接地放电　　D. 隔离

4. 关于在车间搬运重物说法错误的是 ________。

A. 举起重物时，脚要站稳以便安全地抓起物体

B. 在搬运重物时，将物体靠近身体可以减轻疲劳

C. 搬运重物时身体不能扭曲，转向时应转动脚跟

D. 采用拉而不是推的方式移动重物

5. 在对车身进行钻孔时，不可使用 ________。

A. 线手套　　B. 皮手套

C. 护目镜　　D. 耳塞

7—2—3　名词解释

1. 手动工具

2. 气动工具

7—2—4 简答题

简述举升机的使用步骤。

单元八　钣金基本工艺与训练

课题一　整形工具的使用

8—1—1　填空题

1. 钣金操作经常在 __________ 上平面进行板料划线、下料、敲平及矫正。

2. 钣金修复时，常用 __________ 来消除工件表面的小凹坑。

3. 通常钣金修复时，用到手锤和 __________ 配合使用，来敲平工件。

4. 车身有小凹坑时，可以采用 __________ 来进行拉伸修复。

5. 车身锉刀用于修整由于锤、顶铁、匙形铁等钣金工具作业留下来的 __________ 的痕迹。

8—1—2　判断题

1. 工作平台属于标准工具，有着严格的尺寸规定。（　　）

2. 扁头锤主要用于敲击平面，也可以敲击较深的凹陷和边缘拐角。（　　）

3. 使用手锤时，若需要较小的击打力可采用手挥法，若需要较强的击打力宜采用臂挥法。（　　）

4. 手锤在使用前应擦净锤面及手柄上的油污，以免滑脱伤人。（　　）

5. 在钣金修理中，能不使用夹具就尽量不用，减少使用工具的频率。（　　）

8—1—3　名词解释

1. 工作平台

2. 顶铁

8—1—4　简答题

车身表面有修复时留下的焊缝应如何处理？

课题二　剪切工具的使用

8—2—1　填空题

1. 手动剪刀只能剪切 ________ 以下的金属板料，而台式剪刀可以剪切 ________ 的板料。

2. 手电钻是以 ________ 的手持式钻孔工具，电源电压一般有 220 V 和 36 V 两种。

3. 按砂轮直径分，常用的规格有 ϕ ________、ϕ ________、ϕ ________ 三种。

4. 盘式砂磨机通常打磨工作时用的砂轮片粒度为 ________ 号、________ 号或 ________ 号等。

8—2—2　判断题

1. 手动剪刀可以剪切 1.5 mm 以上的板料。　(　　)

2. 剪切短料直线时，被剪去的那部分，一般都放在剪刀的左面。　(　　)

3. 剪切外圆应从左边下剪，按顺时针方向剪切；剪切内圆应从右边下剪，按逆时针方向剪切。　(　　)

4. 脚踏式的剪板机在踏脚的位置要放置一块轮胎或者木块垫，以缓冲脚踏的冲击力，保护人和裁板机。　(　　)

5. 盘式砂磨机打磨时应使砂轮片的 1/3 表面与被加工表面接触。　(　　)

8—2—3　名词解释

1. 剪板机

2. 电动剪

8—2—4　实践与练习

1. 练习板料的剪切。

2. 练习盘式砂轮机砂轮片的更换与使用。

课题三　划线下料

8—3—1　填空题

1. ________ 是用来在板料上划线的基本工具。

2. 划针尖端非常锐利，尖端角度一般在 ________ 之间，且具有耐磨性。

3. 划规用于划折边线，它可沿板料边缘划 ________ 引线。

4. 圆规用来在金属板上划圆或圆弧，并可测量 ________ 的距离。

5. 常用的配裁法有 ________、________、________ 和 ________ 等几种。

8—3—2　判断题

1. 划针是尖的，在画圆时，也可以替代样冲来冲圆心。（　　）

2. 用钢直尺只可以精确测量出毫米级的数值。（　　）

3. 划线盘的划针两端分为直头端和弯头端，直头端用来划线，弯头端常用来划正工件的位置。（　　）

4. 划线盘不使用时，划针应置于水平状态。（　　）

5. 为了使划规尖脚移取的尺寸准确，应在钢直尺上重复移取几次，这样可以看出误差的大小。（　　）

8—3—3　名词解释

1. 划规

2. 下料

8—3—4　实践与练习

练习划线下料，裁出一块下边的板料。（单位 cm）

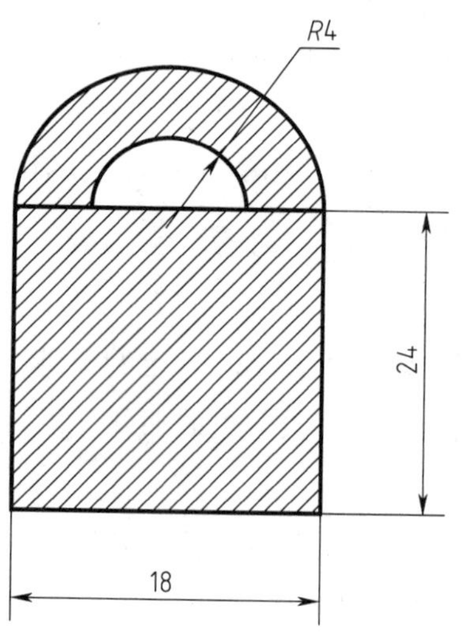

单元九 钣金件的矫正

课题一 手工矫正技术

9—1—1 填空题

1. 一块钢板的晶格组织状态决定了它能被 ________ 或 ________ 的程度。

2. 材料发生了永久变形后，晶格畸变，此时材料的强度将比原始状态下大为提高，这种现象称为 ________。

3. 金属材料受外力作用就会产生变形，变形量的大小与 ________ 有关。

4. 对于几何形状 ________ 要求的钣金件进行调整加工，使之达到规定要求的工艺称为矫正。

5. 常见的矫正方法有 ________、________、________ 三种。

9—1—2 判断题

1. 当外载荷不超过材料的弹性极限时，在去除外载荷后具有的恢复原来形状的性质称为材料的弹性变形。 ( )

2. 当载荷超过一定极限（即弹性极限），在去除外载荷后，其变形不能得到完全的恢复，具有了残留变形或者永久变形，这称之为塑性变形。 ( )

3. 矫正时，对伸展、膨胀的金属进行收缩（简称“收”），对收缩、拉紧的金属进行延展（简称“放”），即为收放法。 ( )

4. 焊接时材料是按技术要求焊接在一起的，因此焊接完成后不需要对焊接件进行矫正。 ( )

5. 板件在敲击、冲压载荷的作用下会产生变形，尺寸越小变形就越大。 ( )

9—1—3 名词解释

冷加工硬化

课题二　加热矫正技术

9—2—1　填空题

1. 加热矫正是指利用钢材局部加热后的 _______ 所引起的变形去矫正已产生的变形，或者使钢材加热后再进行 _______ 或手工矫正。

2. 加热工件的方法可以是 _______ 加热、_______ 加热和 _______ 加热三种。

3. 金属具有 _______ 性，即一段能够自由伸缩的金属材料在受热时会 _______，其长度会增加；冷却之后，其长度又恢复到原来的尺寸。

4. 加热的宽度与板厚有关，2 ~ 4 mm 厚的钢板，加热宽度在 _______ 之间。

5. 采用火焰矫正，加热后冷却可以选择 _______ 和 _______ 的方式。

9—2—2　选择题

1. 对钢板进行热收缩时，首先应从 ________ 开始。

A. 最高点

B. 最低点

C. 中间位置

D. 以上三种都可以

2. 面板进行收火处理时，以下说法正确的是 ________。

A. 每次收火操作时，面积不宜过大

B. 对延展区域进行收火处理时，可直接进行一次、大面积的操作

C. 可随意操作

D. 以上说法都不对

3. 在利用碳棒进行收火操作时，操作方法正确的是 ________。

A. 由中心向边缘移动进行收火

B. 由边缘向中心移动进行收火

C. 可以任意无规则移动进行收火

D. 不要移动碳棒，一点点儿收火

4. 车身修复过程中，以下对车身大梁进行加热的说法正确的是 ________。

A. 可以随便加热想加热的部分

B. 不可以加热

C. 允许少量加热

D. 以上全错

5. 在车身修复过程中，下列有关车身板材加热的说法中正确的是 ________。

A. 可以随便加热想加热的部分

B. 完全不可以加热

C. 应尽量避免对车身板材进行加热

D. 结构性部位可以加热

班级　　　姓名　　　学号

9—2—3　名词解释

1. 加热矫正

2. 热胀冷缩性

单元十　钣金手工成形

课题一　钣金手工成形弯曲与拱曲

10—1—1　填空题

1. 在掌握 ________ 三要素的基础上，以 ________ 方式，将板料制成所需形状的制作过程，称为钣金成形技术。

2. 常见的钣金件手工制作工艺有弯曲、________、收边、拔缘、________、卷边、咬缝及 ________ 工艺。

3. 板料弯曲形式一般有两种，即 ________ 和弧形弯曲。

4. 把较薄的金属板料锤击成 ________ 形状的零件，称为拱曲。

5. 制作拱曲深度较大的零件，采用顶杆和锤子敲击，零件材料应该具有较好的 ________。

10—1—2　判断题

1. 弯折工件在钳口以上较长或板料较薄时，应用木锤敲打板料上方，比较省力。（　　）

2. 在台虎钳上弯曲时，板料在钳口以上部分较短，可用硬木垫在弯角处，再用力敲打硬木。（　　）

3. 弯曲圆柱面时，可以在板料上画出若干与弯曲轴线平行的等分线，便于弯曲。（　　）

4. 拱曲时板料周边材料起皱向里收，中间材料被打薄向外拉，一般底部变薄。（　　）

5. 制作拱曲件时，锤击毛料中心部位时，不能集中在一点锤击，以防止毛料中心伸展过度而凸起。（　　）

10—1—3　名词解释

1. 角形弯折

2. 拱曲

10—1—4　实践与练习

1. 将一张 150 × 150（mm）的板料弯曲成圆柱面。

2. 将一张半径为 80 mm 的圆料拱曲成半球形。

课题二　钣金手工成形放边与收边

10—2—1　填空题

1. 放边就是通过 ________ 工件的某一边或某一部分（板料打薄）而使工件外弯成形。

2. 常见的放边方法有 ________、________ 和 ________ 三种方法。

3. 拉薄放边是用木锤在厚橡皮或木墩上锤放，利用橡皮或木墩既软又有弹性的特点，使材料 ________。

4. 收边是通过使工件起皱处在防止材料伸展复原的情况下敲平，使工件 ________ 消除、________ 缩短、________ 增大而内弯成形。

5. 收边常见方法有 ________、________ 和 ________ 三种。

10—2—2　判断题

1. 拉薄放边效果显著，且表面光滑、厚薄均匀。（　　）

2. 拉薄放边表面粗糙，厚薄不匀，但不容易拉裂。（　　）

3. 折皱钳收边，是将坯料夹在型胎上，用铝棒顶住毛坯，用木锤敲打顶住部分，使板料弯曲逐渐被收缩靠胎。（　　）

4. 錾口收边是在工作台上借助錾口锤敲击出褶皱，使得板料弯曲成形。（　　）

5. 錾口收边的褶皱可以采用火焰矫正法来消除。（　　）

10—2—3　名词解释

1. 放边

2. 搂弯收边

10—2—4　实践与练习

1. 按照下图尺寸下料 $L180\times B70$（mm），按照虚线 a20 mm 弯曲成 L 形，练习打薄放边 a 段边成为半圆形。

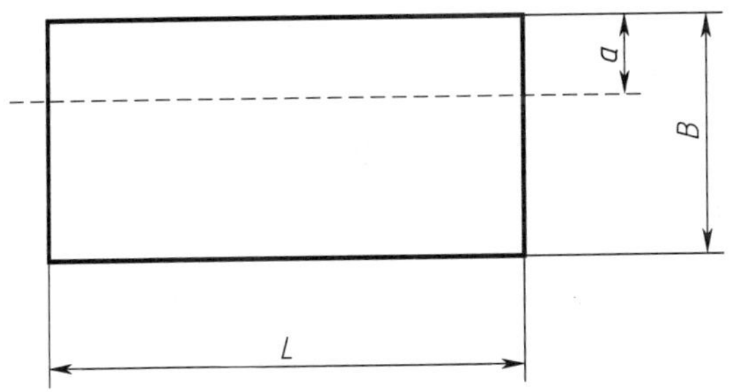

2. 按照上图尺寸下料，$L180\times B70$（mm），按照虚线 a20 mm 弯曲成 L 形，采用錾口收边收缩 a 段边呈半圆形。

课题三　钣金手工成形咬缝与制筋

10—3—1　填空题

1. 咬缝是把两块板料的 ________（或一块板料的两边）折转扣合，并彼此 ________ 的连接方法。

2. 常见咬缝的种类，按结构不同可分为 ________、________、________；按形式不同可分为 ________ 和 ________。

3. 筋的横断面一般为 ________ 和 ________，可以提高钣金件 ________ 和使用性能，增加美感。

4. 车身表面覆盖件的筋线起 ________ 和 ________ 的作用。

5. 简易的手工制筋方法有两种，________ 制筋法和 ________ 制筋法。

10—3—2　判断题

1. 由于咬缝比较牢固，所以在许多地方用来替代焊接、铆接等工艺方法。（　　）

2. 卧缝双扣（整咬）具有强度高、密封性好、牢靠的优点。（　　）

3. 由于挂扣较为简单，采用挂扣大都是对强度要求很高的场合。（　　）

4. 扁冲制筋时，每冲击一次，要沿标记线移动一次扁冲，移动距离可以超过扁冲的宽度。（　　）

5. 简易模具制筋也可以利用台虎钳的开口来作为模具。（　　）

10—3—3　名词解释

1. 咬缝

2. 扁冲制筋法

10—3—4　实践与练习

1. 下料两块边长为 100 mm 的方料，将两块方料采用卧缝单扣的方式咬合在一起，咬缝的宽度为 8 mm。

2. 按照下图的尺寸下料，其中一条筋线采用扁冲制筋法，另一条筋线采用在台虎钳上的制筋法完成。

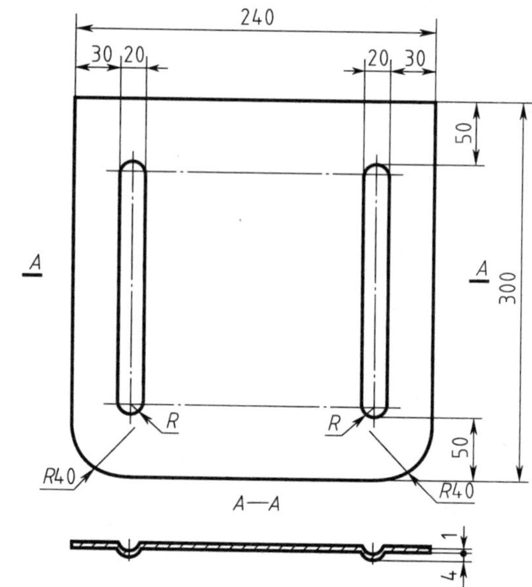

课题四　钣金手工成形卷边与拔缘

10—4—1　填空题

1. 卷边与拔缘应用于车身蒙皮的边缘处，加强边缘位置的 _______ 和 _______。

2. 卷边是将板件的 _______ 卷起来，其目的是增强边缘的刚度和强度，使其光滑美观。

3. 卷边分为 _______ 卷边和 _______ 卷边两种。

4. 在板料边缘，利用 _______ 和 _______ 的方法，把工件边缘翻出成 _______，称为拔缘。

5. 拔缘是对环形板料边缘的弯曲，分为 _______ 和 _______ 两种形式。

10—4—2　判断题

1. 由于卷边类构件的边缘加工尺寸小，卷边完成时就形成了加工硬化。（　　）

2. 夹丝卷边是在卷边内嵌入一根铁丝，以加强边缘的刚度。（　　）

3. 自由拔缘是利用一般的拔缘工具进行的手工拔缘。（　　）

4. 型胎拔缘是按型胎拔缘孔进行拔缘，适合制作大口径的零件拔缘。（　　）

5. 内拔缘在汽车上常见于车身的孔或环形部位，目的在于不增加质量的同时增加刚度，通过性好，美观大方。（　　）

10—4—3　名词解释

1. 卷边

2. 拔缘

10—4—4　实践与练习

1. 下料 200 mm × 100 mm 的板料，截取两端直径为 4 mm 的铅丝 100 mm 作为夹丝，将长板料的两端手工制作成夹丝卷边。

2. 按照下图下料，将这张板料的外边缘拔出 10 mm 的边缘，将两个半径 40 mm 的内圆拔出 8 mm 的凸缘，外缘与内缘方向一致。

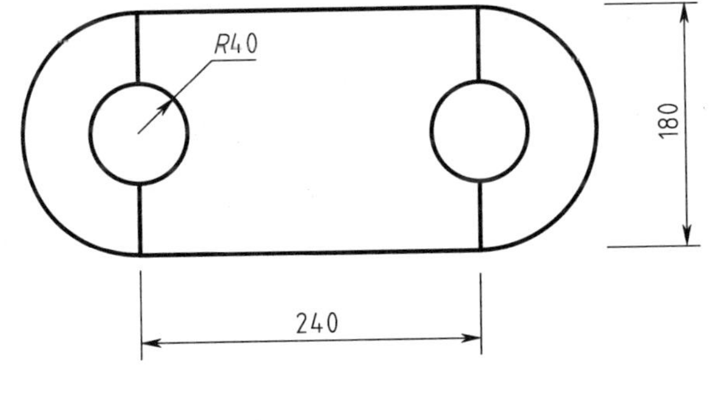